Ao meu primo Kenny,

que tem buscado Deus a vida inteira...

Eu amo você como a um irmão.

"Se você é teólogo, frequenta a igreja com regularidade, é cristão nominal ou simples curioso desse tal Jesus de que todo mundo fala, ficará impressionado com o livro *Em busca de Deus*. Uma obra extraordinariamente profunda, incisiva e introspectiva, pelas ideias novas que contém, escrita com um senso incomum e inspirado de alegria."

— PATRICK LENCIONI,
autor de *Os 5 desafios da equipe*

"Há anos Nancy conduz os que buscam um relacionamento com Deus. Neste livro, não somente faz isso, mas também descobre a pessoa que busca em todos nós que cremos."

— DR. HENRY CLOUD,
autor de *Limites*

"Nancy Ortberg mostra nestas páginas sua bela capacidade narrativa. Seus relatos vão do engraçado ao pungente, do corajoso ao terno, ao mesmo tempo que exploram a espiritualidade presente no júbilo, na depressão, na normalidade, no arrependimento, no sacrifício, no trabalho em equipe, na criatividade e muito mais. Cada história é como uma pista na investigação sobre Deus, e, por seu intermédio, o leitor pode experimentar o que a autora chama de 'reconversão'."

— BRIAN MCLAREN,
escritor e conferencista

EM BUSCA DE DEUS

UMA SURPREENDENTE JORNADA EM MEIO A TATUAGENS, PRONOMES E TOFU

NANCY ORTBERG

Vida

Vida

EDITORA VIDA
Rua Isidro Tinoco, 70 Tatuapé
CEP 03316-010 São Paulo, SP
Tel.: 0 xx 11 2618 7000
Fax: 0 xx 11 2618 7030
www.editoravida.com.br

■

Todas as citações bíblicas e de terceiros foram adaptadas segundo o Acordo Ortográfico da Língua Portuguesa, assinado em 1990, em vigor desde janeiro de 2009.

Editor responsável: Sônia Freire Lula Almeida
Editor-assistente: Gisele Romão da Cruz Santiago
Tradução: Jurandy Bravo
Revisão de tradução e provas: Josemar de Souza Pinto
Diagramação: Karine dos Santos Barbosa
Capa: Arte Peniel

1. edição: abril. 2011

Dados Internacionais de Catalogação na Publicação (CIP)
(Câmara Brasileira do Livro, SP, Brasil)

Ortberg, Nancy
Em busca de Deus: uma surpreendente jornada em meio a tatuagens, pronomes e tofu / Nancy Ortberg; tradução Jurandy Bravo. — São Paulo: Editora Vida, 2011.

Título original: *Looking for God*.
ISBN 978-85-383-0198-1

1. Deus — Amor 2. Espiritualidade 3. Presença de Deus 4. Vida espiritual — Cristianismo I. Título.

11-00846 CDD-248.4

Índices para catálogo sistemático:

1. Busca de Deus : Vida espiritual : Cristianismo 248.4

Sumário

Agradecimentos

A muitos que têm moldado, de maneira tão significativa, quem eu sou e como vejo Deus —

A John, meu marido... você me ama com fervor, e isso me tem transformado.

A meus filhos, Laura, Mallory, Johnny... é uma alegria tão grande que fico sem palavras.

E a toda uma comunidade de amigos — Susan, Karen, Lisa, Rex, Elizabeth, Barbara, Marge, Dave P., Andrea, Jenny e minha mãe — para citar alguns.

Por fim, um muito obrigada especial à equipe da editora Tyndale, incluindo Carol, Ron, Kathy, Lisa, Jessie e Elizabeth. Particularmente a Carol, pelo seu trabalho com esta relutante autora.

Nota da autora

Existe um contexto na história de todo mundo, e a minha não é exceção. De quando em quando, neste livro, você lerá algo sobre um grupo chamado "Axis".

De 1998 a 2003, tive o privilégio de liderar esse ministério, voltado para o que chamávamos de "geração dos 18 aos 20 e poucos anos", da Igreja Willow Creek, em South Barrington, Illinois [EUA]. Trabalhar com aquela equipe de líderes, ao lado de Steve, Heather, Daniel, Doug, Matt e Jarrett, foi um dos períodos mais espetaculares da minha vida.

Introdução

Acho que passei a vida inteira reaprendendo quem é Deus. De modo geral, entendi errado. Como poderia ser diferente, se Deus é tão grandioso e tudo o mais? Talvez por isso é que necessitemos da eternidade: uma vida toda não chega, nem de perto, a ser suficiente. A eternidade é certamente a quantidade de tempo necessária para sondarmos as profundezas desse nosso Deus.

Não me considero exceção (quero dizer, considero sim, mas não nesse sentido). Por maravilhosos que possam ter sido os nossos pais, por mais profundos que sejam os nossos pensamentos ou sentimentos, por mais que tenhamos lido e ouvido, não há como entender a coisa certa.

E *poderíamos*?

Ele é Deus, eu não sou, de modo que sondá-lo, estudá-lo e descobri-lo continuam sendo para mim atividades constantes. Isso tem sido, no entanto, uma grande aventura. Para minha grande surpresa, Deus é muito "mais melhor" do que eu pensava. Claro que uma linha colorida em zigue-zague acaba de sublinhar as palavras "mais melhor" na tela do meu computador, denunciando o uso incorreto que estou fazendo delas, mas vou manter minha opção. Passei muito tempo achando Deus rabugento, irado, distante, arbitrário e proibidor. Sendo ele Deus, no entanto, achava melhor eu ostentar um sorriso amarelo e aguentar firme. Que delícia descobrir como estava enganada!

Há um filme da década de 1970 intitulado *No mundo de 2020.*[1] Estrelado por Charlton Heston, é uma espécie de filme futurista lúgubre, que procura retratar como o mundo poderia ser após décadas de superpopulação e poluição. As pessoas vivem amontoadas umas sobre as outras em prédios decadentes e sobrevivem graças a um alimento artificial industrializado, chamado Soylent Green, já que abandonaram a agricultura há muito tempo. O final dramático e surpreendente talvez pudesse ter garantido uma indicação ao Oscar para Heston; mas é outra cena — antes do final — que sempre me fascinou.

No filme, Edward G. Robinson faz o papel de Sol Roth, um velho que divide um ínfimo apartamento com a personagem de Charlton Heston, Robert Thorn. Sol Roth tinha sido um literato, e sua coleção de livros é o último vestígio de um mundo mais amável e humano.

Para compensar a superpopulação mundial, perigosa e pronta a exaurir de vez os recursos da Terra, o governo oferece um incentivo para os idosos que voluntariamente se oferecerem para a eutanásia. Antes de receber a injeção letal, eles são colocados em uma maca e levados a uma espécie de teatro de arena, com telas de cinema em toda a volta. Em troca da vida, os voluntários são submetidos a um tratamento especial, que consiste em som *surround* e uma experiência de visualização do mundo de como dele se lembram.

Ao descobrir a intenção de Sol de pôr fim à própria vida, Robert Thorn corre para as instalações do governo onde Sol

---

[1] Título original **Soylent Green.** Direção Richard Fleischer, produção Walter Seltzer e Russell Thacher, estúdio e distribuição Metro-Goldwyn-Mayer, 1973. [N. do T.]

está sendo submetido a tal experiência final. Irrompe no teatro de arena no momento em que as telas se enchem de cenas magníficas de um mundo restaurado a seu devido esplendor. Tudo que Robert conhecera na vida fora um mundo cinza, destituído de beleza. Agora, enquanto Sol assiste deliciado às cenas nas telas, Robert vê um cervo matando a sede em um riacho no meio da floresta e flores explodindo em cores sobre uma campina verdejante. Vê montanhas cobertas de neve e mares rebentando em ondas na praia, tudo isso acompanhado de um crescendo de cordas executando *As quatro estações* de Vivaldi. Com lágrimas escorrendo por seu rosto e no de seu amigo, Robert Thorn balança a cabeça de um lado para o outro e sussurra: "Eu não fazia ideia. Como poderia saber?".

O que mais admiro aí é o assombro que há em sua voz. Gostaria de reagir da mesma forma ao pensar em Deus. Durante muitos anos, achei que coisas como momentos silenciosos mais longos fossem me levar até lá. Não foi o que aconteceu.

Luto muito por encontrar essa fé por que anseio, esse Deus que imagino. E o tenho encontrado nos lugares mais inesperados. Surpresas me esclarecem quem ele é, e descobri que não tomar o caminho consagrado pelo uso torna acessível para mim o Deus da Bíblia. À medida que minha compreensão de Deus aumenta, minha fé também cresce — às vezes de maneira tal que interfere em minha vida.

Isso é incômodo, sim, mas glorioso também.

Este livro fala das coisas que me têm sustentado e impulsionado em direção a Deus.

Há pouco tempo, tive um almoço de negócios com um homem que frequenta nossa igreja. Ele e a esposa acabam de se mudar da Inglaterra para cá e estão lançando uma organização que estabelece contato entre igrejas e produtos fabricados no Terceiro Mundo, ajudando assim a romper o ciclo da pobreza. Perguntei-lhe sobre sua jornada de fé, e ele me contou ter sido criado em círculos cristãos, mas haver se desiludido com eles, cada vez mais, nos anos da sua mocidade; até me descrever, cheio de paixão nos olhos, como encontrou o caminho de volta, ao descobrir o Deus de extraordinária bondade, que de alguma forma lhe passara despercebido da primeira vez. Chamou a isso "reconversão".

Eu o entendi perfeitamente.

CAPÍTULO 1

O problema do momento silencioso

Na maior parte da minha juventude, ouvi falar em "momento silencioso" diário.

Era algo venerado e tido como alicerce da fé cristã. Costumava-se descrevê-lo como um período profundo de tranquilidade pela manhã (dedicar-lhe menos de trinta minutos era considerado vergonhoso), quando a pessoa ficava a sós com Deus, em meditação e estudo de um trecho das Escrituras. Incluía ainda um tempo de oração (em geral, seguindo um acrônimo, como CASA: Confissão, Adoração, Súplica e Ação de graças... para não correr o risco de suplicar antes de adorar) e anotações em um diário.

Sempre após um momento desse — e as pessoas sempre diziam ter "tido" seu momento silencioso —, costumava-se comentar a respeito. O assunto podia ser introduzido disfarçadamente na conversa, de maneira que parecesse despretensioso, sem nunca deixar de ser comparativo. Comentava-se como fora profundo o tempo a sós com Deus naquela manhã. Como Deus falara à pessoa. A importante revelação que recebera sobre determinada passagem bíblica. O tempo que passara debruçada sobre seu diário naquele dia.

As outras pessoas faziam sempre questão de fazer perguntas sobre cada seu momento silencioso, a fim de "manter você responsável".

— Como tem sido o seu tempo a sós com Deus? O que o Senhor tem ensinado a você?

O momento silencioso era o barômetro do relacionamento com Deus, a medida por excelência da devoção e maturidade de alguém. Era como se o seu relacionamento inteiro com Deus girasse em torno dessa experiência diária matutina.

Assim, durante muitos anos, segui a prática do momento silencioso. Não todos os dias, mas quase — e, sempre que pulava um dia, enchia-me de consternação e culpa. Todos os dias, eu esperava que algo profundo acontecesse durante meu momento silencioso, mas na maior parte das vezes não chegava nem perto disso. E, quando conversava com os outros sobre o assunto, minha experiência nunca correspondia à deles.

Então houve um período da minha vida em que o "momento silencioso" deixou de ser uma opção. Bem, você talvez discorde desta afirmativa, mas o livro é meu e insisto em dizer que durante determinada época eu não conseguiria ter um momento silencioso nem com uma arma apontada para a minha cabeça.

Minha filha Laura estava com 3 anos, Mallory tinha apenas 1 ano e meio, e eu estava grávida de Johnny. Nunca tinha conhecido uma expressão tão fora da realidade do que "momento silencioso". Havia dias em que, para ter um momento silencioso, eu precisava lutar para ir ao banheiro sozinha e, quando o conseguia, uma das crianças ou as duas estavam sempre, do lado de fora, batendo na porta e me chamando.

— Mamãe, posso entrar?

— Não.

— Mamãe, quando você vai sair daí?

— Em um minuto.

— Já passou um minuto, mamãe?

Eu nunca havia experimentado tanto o que é levantar da cama exausta. Minhas noites de sono eram em *staccato*, repletas de interrupções causadas por problemas de dentição e dor de ouvido das crianças. Quando levantava, as crianças ou já estavam chorando porque queriam comer ou puxando o papel higiênico do banheiro pelo corredor afora e enrolando-o no gato.

Dias e semanas se sucediam, sem um minuto sequer que me permitisse sentar e abrir a Bíblia. E quando um minuto desses por acaso acontecia ou eu perdia logo a linha de raciocínio ou adormecia?! No entanto, o momento silencioso me fora apresentado como o principal ou o único meio de estabelecer uma união profunda com Deus; de modo que entrei em pânico. Naquele estágio inicial da maternidade, eu precisava desesperadamente de Deus, mas me tornara incapaz de me conectar com ele do único jeito que considerava válido.

Achei que ou conseguiria me encontrar de novo com Deus em cerca de seis anos (quando todas as crianças estariam na escola) ou teria de descobrir outras formas de me conectar com ele, embora não conhecesse nenhuma.

Deus, porém, conhecia.

Eu estava na cozinha, tentando decidir o que preparar para o jantar. Laura e Mallory brincavam no tapete, cada vez mais irrequietas, depois de um longo dia. Minha gravidez parecia já durar uns doze meses, e me sentia esgotada.

Tive uma ideia. Como ainda havia algum tempo antes que o jantar tivesse de se tornar realidade, coloquei as crianças nas respectivas cadeirinhas do carro, e saímos em direção ao parque. Minha esperança era que despendessem um pouco de energia antes que tivesse de começar propriamente o jantar. (Pensei também que poderia ganhar mais tempo para resolver *o que* fazer para o jantar.)

Encontrei um banco no parque onde me sentar enquanto as meninas brincavam, embora eu estivesse tão pesada que duvidava ser capaz de me levantar bastante rápido caso elas precisassem de alguma coisa. Na verdade, eu não tinha plano algum para aquela tarde, a não ser deixá-las brincar por cerca de meia hora antes de voltarmos para casa.

O plano de Deus, no entanto, era me mostrar uma janela.

Fiquei observando as meninas cavando areia e pulando de um lado para o outro correndo atrás dos patos. O sol quente, chegando à linha do horizonte, proporcionava-me uma bela visão das silhuetas das minhas duas ruivinhas. Sentada ali no banco do parque, fui me inserindo aos poucos na paisagem, à medida que relaxava. Até que, de repente, assaltou-me a profunda percepção do quanto eu amava aquelas crianças. Não foi uma simples constatação de que as amava; foi uma reação bastante inesperada, visceral. Embora até aquele instante, na maior parte do tempo, eu me sentisse como que frustrada, ao estar sentada agora ali no banco, vendo-as brincar e gritar de alegria, tive a impressão de que meu coração explodiria de tanta quantidade de amor que possuía pelas duas menininhas. Lutando contra as lágrimas, um nó me apertando a garganta, experimentei a sensação esmagadora de uma emoção por demais intensa pelas minhas filhas.

Quase no mesmo instante em que baixara a guarda e fora invadida por sentimento tão forte, Deus enviou um verdadeiro *tsunami*, que me pegou completamente desprevenida. Ele me sussurrou: "E essa é só a ponta do *iceberg* do quanto eu amo você".

Claro que sei que a maioria das pessoas se sentiria intensamente grata por viver uma experiência dessa, e é provável que todas reagissem a isso muito bem. Todavia, por algum motivo, em meu coração pareceu não haver lugar suficiente para aceitar a mensagem que Deus queria me transmitir. Minha mente não tinha capacidade para compreendê-la. Parecia haver naquela única frase mais graça e bondade que eu conseguiria acolher.

Era demais para mim. Por isso, exclamei:

— Pare!

Que mais de uma pessoa que passava por ali deve ter-se perguntado por que aquela mulher grávida "de doze meses" estava falando sozinha, disso eu tenho certeza. Com lágrimas se formando em meus olhos, peguei as meninas, coloquei-as no carro e fui embora para casa. Não só eu não tinha ainda a menor ideia do que fazer para o jantar, como tampouco do que fazer do sussurro de Deus.

Na carta aos Efésios, Paulo diz que orava para que lhes fosse concedido o poder de compreender a largura, o comprimento, a altura e a profundidade do amor de Deus (3.18). Acho fascinante o fato de ele orar não só para que entendessem a imensidão do amor de Deus, mas para que Deus lhes desse o poder necessário para compreendê-la.

Nos dias que se seguiram, a experiência no banco do parque não me sairia da cabeça. Aos poucos, fui entendendo que grande parte do meu coração estava como que revestida de *Teflon*. Ele se protegia para não ser ferido e, com isso, tornara-se também impermeável àquilo de que de fato carecia. Deus usara um momento em que eu me abrira um pouco mais para atravessar essa camada, levando ao meu coração o de que ele necessitava. O Senhor sabia da minha carência de uma compreensão profunda do tipo de amor que ele tinha por mim, o qual me parecia tão estranho que, quando o experimentei, minha primeira reação foi: "Pare!". Que coisa engraçada, gritar isso para o de que mais se precisa!

As muralhas do meu limitado entendimento do amor me haviam cercado. Deus, porém, abriu um pequeno buraco em uma delas — uma janela — e me permitiu vislumbrar o tipo de amor que ele oferece. Disse-me, então, que era isso mesmo: só um vislumbre. Nada que pudesse se comparar à plenitude do seu amor. Mesmo esse vislumbre, no entanto, pelo menos no início, foi demais para mim. As janelas, às vezes, são assim. Afastamo-nos do que vemos através delas, para logo sermos atraídos de novo à vista que descortinam.

Eu sabia não estar totalmente preparada para compreender a extensão do que Deus revelara para mim do seu amor naquele dia; mas também vim a compreender algo mais. Muito tempo se passara desde que eu me sentira tão profundamente ligada à presença de Deus. Tinham sido semanas e meses de momentos silenciosos em que jamais experimentara o Senhor daquele jeito. Lera versículos e escrevera sobre eles em meu diário e havia mesmo chegado a comentá-los com outras pessoas, mas nunca estivera *assim* tão consciente de Deus. O encontro que tive com o Senhor no banco do parque foi além de qualquer experiência que eu já tivesse vivido durante um momento silencioso.

Deus passou a me ensinar que existia um sem-número de maneiras de aprofundar meu relacionamento com ele; um sem-número de maneiras de conhecê-lo e vivenciá-lo.

E que o instante no banco do parque era *tão* importante quanto um momento silencioso. Isso foi algo revolucionário para mim.

Pouco a pouco, comecei a entender que sempre vira Deus sob uma perspectiva estreita demais. Eu o encaixotara e dividira em compartimentos de trinta minutos a cada manhã, quando, na verdade, Deus só esperava que eu percebesse que ele invadia todas as partes do meu dia. Bastava só estar atenta.

Comecei, assim, a ter "momentos silenciosos" em todo lugar.

Não muito depois disso, meu marido, John, e eu fomos ver a versão teatral de *Os miseráveis*. No fim da peça, o herói da história, Jean Valjean, prestes a morrer, canta para a filha adotiva, Cosette, que "amar alguém é contemplar a face de Deus".

Ao assistir a essa cena, lágrimas começaram a escorrer pelo meu rosto. Não sou chorona por natureza, de modo que John logo quis saber o que estava acontecendo.

— É uma das frases mais belas e verdadeiras que já ouvi — foi minha resposta. — Poderia ser até um versículo da Bíblia. Por que Deus não fez um versículo da Bíblia assim?

Semanas depois, John se deitou ao meu lado, uma noite, e me disse:

— Quero ler uma coisa para você.

Abriu a Bíblia em Gênesis 33.10 e leu para mim as palavras de Jacó, ao se reconciliar com Esaú depois de permanecer tanto tempo afastado do irmão: "[...] ver a tua face é como contemplar a face de Deus".

Fiquei muito contente em saber que Deus aceitara minha sugestão e fizera um versículo da Bíblia dizendo aquilo...

Depois disso, frequentemente, ao conversar com uma querida amiga, sentia que parte dessa experiência era para mim como contemplar o rosto de Deus, como um momento silencioso.

Além disso, quando fazia uma boa refeição, de preferência que não tivesse de cozinhar, comovia-me a natureza tão generosa desse Deus que fez as cores, os odores e as texturas do abacate, da pimenta ou da tilápia. Ele simplesmente criara alimentos os mais variados, nutritivos e calóricos. Tudo o que comemos poderia ter gosto só de pão e leite e já estaria bastante bom em termos funcionais. Na verdade, não haveria necessidade de tantos sabores e consistências que experimentamos ao comer, mas Deus mesmo assim os criou. Steve Evans, célebre filósofo cristão, diz que talvez a melhor prova da existência de Deus para ele seja a torta de banana. Acho que Steve sabe das coisas.

Assim que passei a encontrar Deus em meus amigos e em minhas filhas, percebi que uma refeição podia também se transformar em um momento silencioso. Mediante minha conscientização, e gratidão pelo mingau de aveia com açúcar mascavo, figo e laranjas, ou pela salada de alface com cogumelos, ou pelo molho de raiz-forte sobre um filé cortado bem fino, podia refletir profundamente sobre a boa natureza de Deus. Aprendi o que realmente significa: "Provem, e vejam como o SENHOR é bom" (Salmos 34.8).

Somos cheios de prescrições para a vida espiritual. Gostamos de pré-acondicioná-la ao que, para nós, significa ter um momento silencioso e, então, a reproduzimos em massa, nela insistimos e dela nos gabamos. Conseguimos reduzi-la a uma fórmula: trinta minutos, pela manhã. Oração que inclui confissão, adoração, súplica e ação de graças. Depois, é claro, anotar tudo em nosso diário.

Lembro-me de onde estava no dia em que percebi que Jesus nunca manteve um diário. Estava dirigindo quando essa ideia raiou em minha mente. Refutei-a na mesma hora. *Não pode ser verdade.* Quando percebi que era verdade — que *Jesus nunca teve um diário de oração* —, parei o carro logo no acostamento e não consegui decidir se ria ou chorava.

Não acho que seja ruim manter um diário. Só acho que passamos a vê-lo como uma necessidade espiritual, coisa que não é. Meu marido escreve em seu diário com bastante regularidade. Isso o ajuda muito a se conectar com Deus. É uma prática que o ajuda a melhor configurar seu modo de se relacionar e a sua resposta para com Deus. Não é bem assim comigo. Acho tedioso manter um diário. Não me sinto à vontade quando o faço. Caio na armadilha de me obrigar a escrever só para que haja certa continuidade nas datas. Preocupa-me a possibilidade de que, quando eu morrer, alguém abra os meus diários e note as enormes lacunas entre uma data e outra. John sugeriu que eu escreva: "Veja em outros volumes quanto a anotações que faltam", mas achei que, se tiver de mentir sobre minha prática espiritual, talvez deva substituí-la por uma nova.

Também não acho que seja ruim ter um momento silencioso. Pelo contrário. Momentos silenciosos têm ajudado a enriquecer meu relacionamento com Deus e transformar minha personalidade. Mas, se tais momentos se tornarem prescritivos, limitadores e rotineiros, podem vir a funcionar mais como uma barreira do que como um auxílio.

Há muita correlação nas Escrituras entre a vida espiritual e a vida do atleta em treinamento. Como seguidores de Cristo, precisamos treinar em várias modalidades. Atletas fazem isso para que o corpo inteiro, e não apenas uma porção específica dele, desenvolva-se. Ao nos permitirmos variar nossa prática espiritual, desenvolvemos uma visão mais ampla e multifacetada do nosso grandioso Deus. Que alegria constatar que, do momento em que acordamos pela manhã até o momento em que repousamos a cabeça no travesseiro para dormir, recebemos uma variedade de formas extraordinárias para nos conectarmos com o nosso extraordinário Deus.

Não faz muito tempo, ao acabarmos de atravessar o túnel Wawona, a caminho do parque Yosemite, deparamos com a esplanada que fica à esquerda da saída do túnel, onde se pode estacionar o carro, conhecida como Ponto de Inspiração. Um monte de carros estava ali, com muita gente que havia saído deles tirando fotografias. Descemos do carro, e fiquei então subitamente extasiada com uma das vistas mais magníficas que já tive a oportunidade de contemplar. O vale que se estendia abaixo de nós era de fato um lugar de fabulosa inspiração, tendo à esquerda uma parede de granito puro chamada El Capitan e à direita o Half Dome e a queda d'água Bridal Veil. Não havia placa convidando as pessoas a assobiarem de espanto, mas era o que quase todas faziam, intuitivamente. Parecíamos todos assombrados ao testemunhar o que pode acontecer a um simples gesto da mão de Deus.

Enquanto contemplava o fundo do vale, lembrei-me de que um Deus muito grande toma conta de todo o Universo. E que tudo isso acontece enquanto eu me ocupo de minha vidinha comum. A beleza que ele criou é de tirar o fôlego e não passa de um simples vislumbre da beleza do seu Espírito.

Para mim, isso é um momento silencioso.

E *conta* tanto quanto o outro.

CAPÍTULO 2

Até isso, também?

Na condição de pessoas que seguem Cristo, contamos com muitas coisas das quais podemos receber força e poder: a oração, as Escrituras, o compartilhar com um amigo, a música, o isolamento ou mesmo as palavras de um bom livro.

Creio que há um poder, porém, de que nos esquecemos com frequência: a gratidão.

Minha amiga Nancy leva uma vida muito boa. Tem um ótimo trabalho e realmente gosta muito do que faz. É casada com Warren, e eles se amam profundamente.

Em um belo dia de outubro, não faz muito tempo, Warren e uma Nancy muito grávida rumaram para a maternidade. Nancy já havia entrado em trabalho de parto havia cerca de três horas, mas por ser seu primeiro filho não sabia muito bem como seriam as coisas. Duas horas depois, após uma dor intensa e grande esforço, Nancy e Warren conheceram a filha, Samantha, com 3,4 quilos e 53 centímetros.

Tendo o bebê nos braços pela primeira vez, deleitada com a maravilha daquela nova vida, Nancy ergueu os olhos e disse, feliz:

— Até isso, também?

Veja bem. Nancy já levava uma vida boa. Não que isso a deixasse de fora de adversidades. Mas tinha consciência de que era bastante abençoada quanto à maioria das coisas. Contemplando Samantha, no entanto, ficou altamente deslumbrada com tão belo presente. Lágrimas nos olhos e o coração transbordando de emoção e alegria, sua reação foi de pura gratidão.

Foi uma oração sussurrada para Deus de um coração já repleto e que acabava de ser enchido mais ainda. Nancy nem podia acreditar que nele houvesse espaço para mais.

O poder da gratidão nos tira o fôlego, mas nos equilibra. Segue o mesmo princípio da energia nuclear. Torna nossa vida mais rica, mais livre e plena. Tem um elo direto com a bondade divina, fonte infinita de poder, de esperança e fé.

É difícil às vezes ser grato. Ninguém pode considerar-se um ser pensante se não reconhecer o problema do mal neste mundo. Neste momento, John e eu temos uma amiga íntima de quase 50 anos com um tumor cerebral que a está matando. Seu marido e os quatro filhos estão sofrendo de profunda dor e descrença.

Um homem de nossa igreja, médico, com uma família jovem, sofreu dano cerebral irreversível, provavelmente em consequência de altas doses de quimioterapia para um câncer, o qual, por irônico que pareça, encontra-se agora em remissão.

Outra amiga nossa vem travando uma grande batalha contra o câncer de mama há mais de dez anos. Ela se sente grata pelo tempo extra que tem tido junto ao marido e aos filhos, mas cada dia é uma luta. O corpo cansado lembra constantemente que a doença vive em seu interior —

controlada apenas, por enquanto, graças a uma combinação de substâncias químicas cáusticas.

A lista vai longe... Uma pessoa de nosso relacionamento perdeu o filho, outra tem um casamento difícil que começa a se desintegrar, uma terceira foi demitida do emprego, outra nunca passou um dia de sua vida adulta que não precisasse enfrentar a depressão. Este é apenas um vislumbre do meu pequeno mundo. Nem cheguei a abrir a caixa de Pandora da guerra, da pobreza, da fome, da opressão, do acesso desigual à educação e às oportunidades, do suicídio...

Às vezes, o problema da dor dificulta muito, sem sombra de dúvida, que nos sintamos gratos. Muita gente brilhante tem escrito com sabedoria sobre o assunto, de um ponto de vista cristão (C. S. Lewis e Philip Yancey são dois autores cuja obra eu recomendo). O problema da dor sempre insiste na questão: "Onde está Deus?".

Há, porém, um outro lado da questão, e não são muitos os que escrevem sobre ele. O que dizer sobre a face da bondade? O que dizer a respeito de coisas magníficas, comuns ou extraordinárias, presentes a cada dia? Esse lado da questão insiste em exclamar: "Deus existe!".

A natureza contém mais beleza do que nossos olhos são capazes de perceber. Romanos 1 diz que até a Terra dá testemunho do poder criador de Deus. Nossa reação a tanta beleza — às vezes nada mais que um assombrado suspender da respiração, um silêncio meditativo — dá testemunho da incomparável bondade de Deus e nos prende a ela.

Vi o pôr do sol na praia de Malibu, uma vez. Era início de inverno, e o céu começava a escurecer mais cedo. Não havia mais que uma dezena de pessoas sobre a amurada alta de um canal, onde as ondas mais fortes da estação tinham formado um banco de areia. Eu e aqueles estranhos assistimos dali a um ocaso magnífico. Permanecemos todos em silêncio, como se tivéssemos adquirido ingresso para o espetáculo cuja exibição grandiosa agora apreciávamos.

Eu queria gritar: "Estamos vendo Deus! Somos testemunhas de um dos seus muitos espetáculos, que revelam sinais de sua benignidade!".

No último outono, recebemos um telefonema nos informando sobre Mavericks, um local ao largo da costa, a cerca de trinta minutos de nossa casa em Menlo Park, Califórnia. Nos meses de inverno, algumas das maiores ondas do mundo ocorrem ali. São de fato *imensas*, podendo alcançar cerca de 10 a 15 metros de altura. Quando se aproximam, em consequência de alguma tempestade a milhares de quilômetros de distância, um chamado corre o mundo convocando os surfistas a comparecerem dentro de vinte e quatro horas à disputada competição de surfe de Mavericks.

Quando da realização do evento, amigos nossos promovem a saída ao mar de um barco para espectadores, que permite a observação de perto dessa disputa espetacular. De modo que meu marido, meu filho de 17 anos (também surfista, mas que me prometeu pegar as grandes ondas somente depois que eu tiver morrido) e eu rumamos de carro para lá, pela encosta litorânea, a fim de nele embarcarmos às 7 horas.

Em determinado momento da competição, eu me detive a enfocar tudo aquilo. Lá estávamos nós, a oitocentos metros distantes da costa, de onde avistávamos as colinas verdejantes cobertas de mostarda que se precipitam para o oceano Pacífico. Sol resplandecente, temperatura na casa dos 20 graus centígrados, rapazes alucinados, gritando e enfrentando ondas monstruosas, em cima de sua prancha. Se o mundo pudesse ficar mais maravilhoso que aquilo, nem sei se aguentaria a emoção.

Nós que estávamos no barco assistíamos àquilo tudo com uma espécie de reverência. Sussurrávamos apenas, quase o tempo todo, embora ninguém nos tivesse recomendado que o fizéssemos. Era como se pisássemos solo sagrado naquele momento.

E pisávamos.

A gratidão tem sido uma força poderosa sempre que a experimento em minha vida. Mas talvez o melhor testemunho desse incrível poder seja quando alguém que enfrenta sérias dificuldades expressa sua gratidão autêntica e profunda.

Trabalhei como enfermeira cerca de dez anos, antes de a minha vida tomar outro rumo. Um de meus primeiros pacientes foi uma jovem de uns 14 anos, que sofrera um acidente feio de bicicleta. Conheci-a no departamento de fisioterapia. Ela havia entrado em um turbilhão. Li sua ficha antes de ir trabalhar com ela e fiquei sabendo que, em consequência do acidente, sua perna fora amputada abaixo do joelho.

Não conseguia imaginar o que se passaria na cabeça de uma menina de 14 anos que perdera uma parte da perna. Eu só me apresentei a ela, e falávamos muito pouco. Durante o período em que estivemos juntas, descobri que era seguidora de Cristo, embora não falasse muito sobre o assunto.

No entanto, eu não estava preparada para sua força espiritual, especialmente no dia em que ergueu sua perna recém-operada acima da água do banho, para que a visse, e comentou:

— Veja quanto ainda sobrou!

Contou-me, então, toda animada, que os médicos haviam conseguido fazer a amputação abaixo do joelho e que seria, portanto, muito mais fácil usar uma prótese. Ansiava por saber quanto tempo levaria para ficar curada, a fim de poder começar a usar a perna mecânica. Ouvi a maior parte do que ela dizia, mas sem prestar muita atenção. Na verdade, minha mente continuava voltada lá para trás, para o "veja quanto ainda sobrou!". Sua gratidão parecia ser autêntica. Não se tratava de uma recusa em enfrentar a realidade, de nenhuma "síndrome de Poliana". A garota sabia que perdera boa parte da perna e evidentemente não teria sido essa sua escolha, se lhe fosse dado optar. Mas sentia-se muito grata por aquela pequena boa-nova. Seu entusiasmo levou meu espírito a atingir grandes alturas naquele dia. E olhe que eu tinha duas pernas normais.

Hebreus 12.28 diz: "Portanto, já que estamos recebendo um Reino inabalável, sejamos agradecidos e, assim, adoremos a Deus [...]". Nossa gratidão, nosso reconhecimento, é uma maneira de adorar Deus. Podemos cantar hinos de louvor, e isso é adoração. Podemos dizer obrigado, e isso é adoração. Aquele dia, no hospital, a gratidão de uma menina de 14 anos me levou à adoração.

Jesus também entendia que a gratidão é uma maneira de louvar Deus. Em Lucas 17.11-19, Jesus se encaminhava para Jerusalém. Em algum lugar ao longo da divisa entre a Galileia e Samaria, entrou em um povoado, onde avistou dez homens com lepra parados a certa distância. Ao vê-lo, eles gritaram, sem dúvida por terem ouvido falar de sua reputação em relação à cura: "Jesus, Mestre, tem piedade de nós!".

Na época, a lepra equivalia a uma sentença de morte. Ao primeiro sintoma da temida enfermidade, as pessoas eram imediatamente afastadas da família e dos amigos e isoladas com outros leprosos em comunidades questionáveis, chamadas "colônias". Tão virulenta parecia ser a propagação da doença e tão profundo o medo dela que os moradores das tais colônias tinham de gritar, avisando de sua presença mais ou menos próxima, quando uma pessoa sadia entrasse em seu campo de visão. Faz sentido, portanto, que os dez homens gritassem para Jesus. Todavia, nesse caso em particular, não se limitaram a buscar adverti-lo de que estavam ali presentes: clamavam também por sua compaixão. Achavam que sua misericórdia os curaria.

A resposta de Jesus foi imediata. Não os mandou se banharem ou colocar lama sobre as feridas. Apenas lhes ordenou "Vão mostrar-se aos sacerdotes" — coisa que os leprosos só faziam quando acreditavam estar curados.

Assim que Jesus falou, os dez homens foram imediatamente curados e libertos do isolamento e da sentença de morte impostos pela lepra. Todos os dez.

Nove foram para casa levando notícia muito boa.

Um deles, no entanto, não foi direto para casa. O texto bíblico narra que esse leproso voltou para junto de quem o curara, louvando Deus em voz alta e atirando-se aos pés de Jesus. *Ele veio lhe agradecer* a cura. Antes de retomar a vida normal, o homem sentira-se impelido pela gratidão a voltar a Jesus. O Senhor, por sua vez, elogiou essa sua reação. Lucas faz questão de registrar a história, para que os seguidores de Cristo a leiam e não se esqueçam de ser gratos.

Dallas Willard declara que, se verificarmos que o Deus a quem seguimos não é bom, devemos procurar Deus em outra parte. Eis o que ele diz:

> O teste decisivo para *qualquer* teologia é este: o Deus que ela apresenta é um deus que se pode amar de coração, alma, mente e força? Se a resposta sincera, fruto de reflexão, for "Na verdade, não", significa que precisamos procurar em outro lugar ou nos aprofundarmos. A verdade é que não importa quão sofisticada intelectual ou doutrinariamente é nossa abordagem. Se ela deixar de colocar um Deus *amável* — um ser radiante, feliz, amigável, acessível e da mais absoluta competência — diante de pessoas comuns, é sinal de que enveredamos pelo caminho errado. Não deveríamos continuar nessa direção, mas sim fazer a volta e seguir por outra estrada.[2]

Deus é muito bom. Na vida atarefada que levamos e em nossa preocupação com dificuldades, deixamos às vezes de perceber sinais diversos, esparsos no decorrer do dia, cuja finalidade é nos lembrar de sua bondade. Esquecemos assim de ser gratos e, com isso, perdemos o poder que existe nessa gratidão.

Há pouco tempo, li sobre um homem que se tornou seguidor de Cristo com quase 40 anos. Criado em um lar em que Deus nunca era mencionado, passou grande parte do início da vida adulta oscilando entre o agnosticismo e o ateísmo — isso quando se dava ao trabalho de pensar no assunto. O que não acontecia com muita frequência.

Com 37, 38 anos, ele começou a sentir uma insatisfação crescente em seu espírito. O problema estava no fato de não

2 WILLARD, Dallas. **A conspiração divina**. São Paulo: Mundo Cristão, 2001.

ser com a sua vida que ele se sentia insatisfeito. Na verdade, sabia que a vida tinha sido bastante generosa para com ele. Reconhecia que tinha muito pelo que ser grato. Mas esse era o problema. Não parecia capaz de determinar a quem agradecer por tanta coisa boa. Alguém tinha de ser objeto de seus agradecimentos.

Assim, decidiu empreender uma espécie de jornada com o intuito de descobrir se havia alguma ligação entre seu sentido explosivo de gratidão e a falta de alguém para quem direcioná--la. Algumas conversas, livros e igrejas depois, ele encontrou Jesus Cristo.

Ficou muito grato por enfim ter alguém a quem agradecer. O alguém certo. O alguém que era a fonte de tudo que há de bom.

Ele e o único leproso...

Tiago 1.17 diz que toda boa dádiva em nossa vida tem origem em Deus. Se fizermos a conexão, isso nos revela muito da natureza de Deus.

Uma vez, durante um voo noturno de Los Angeles para Chicago, reclinei-me contra a janela com a esperança de cochilar um pouco. Acabara de passar duas semanas dando palestras sobre compromisso na Holanda, em Zurique e em Cingapura. Estava cansada, mas ao mesmo tempo energizada, o que é sempre uma sensação estranha. Repensei tudo que acontecera naqueles dias e me senti bastante grata pela oportunidade de participar um pouco do que Deus estava fazendo nesses lugares. A combinação de dar palestras com o visitar lugares distantes havia mexido com meu profundo amor pela aventura.

Interrompendo os pensamentos que embalavam meu sono, a voz do comandante da aeronave ecoou nos alto-falantes:

— Senhoras e senhores, normalmente eu não os incomodaria a esta hora da noite, mas se trata de um fato raro. Se olharem para o lado esquerdo (norte) do avião, poderão contemplar a aurora boreal.

Eu lera muito sobre esse fenômeno desde criança. Um de meus filhos, sabendo do meu interesse pela aurora boreal, havia-me dado até um livro sobre ela, com gravuras e tudo. Não estava preparada, porém, para o que vi quando olhei pela janela do avião, aquela noite.

Contra o pano de fundo da mais completa escuridão, faixas grossas de luzes verdes como de néon dançavam e ondulavam pelo negro céu. Pareciam fitas de gaze presas no topo do Universo, agitando-se para a frente e para trás a fim de nos deleitar. Era algo magnífico.

Muito melhor do que no livro.

Todos os passageiros do avião se concentraram no lado esquerdo do aparelho para ver o espetáculo. Tinha quase certeza de que despencaríamos do céu com aquela má distribuição de peso, mas nada aconteceu. As pessoas soltavam exclamações aos sussurros. Na maioria, éramos estranhos uns para os outros, mas em nossa estupefação em comum estávamos todos conectados uns aos outros, pelo menos durante os minutos seguintes.

Então, com a mesma rapidez que aparecera, a aurora sumiu. Todos voltaram a se acomodar, cada qual em sua respectiva poltrona (redistribuindo o peso, como convém), cada qual em seu próprio isolamento.

Voltei ao meu lugar experimentando uma profunda sensação de maravilhamento. Que surpresa magnífica e imerecida. Naquele mesmo momento em que me sentia grata pelo fato de ter sido usada por Deus em minhas incumbências, aquele presente me indicava um Deus extravagante e risonho. Um Deus criativo e interativo, que, ao dar forma a este admirável mundo, decidiu que, quando as partículas solares interagissem com o campo magnético da Terra, poderiam muito bem nos oferecer um grandioso espetáculo.

Assim, quer estejamos olhando pela janela de um avião quer o rosto das pessoas que encontramos todos os dias, quer estejamos no trabalho quer na cozinha, quer lendo um livro quer pagando contas, basta estarmos atentos para ver coisas que farão transbordar o nosso coração de agradecimento.

Deus criou o mundo, e este reflete a sua natureza. Conseguimos, por isso, vê-lo em toda parte. Em toda parte que enxergarmos a bondade, enxergaremos Deus. A única coisa que temos a fazer é ligar os pontos.

CAPÍTULO 3
Gelatina

Quando criança, passava muito tempo na casa de minha avó. Ela morava a apenas cinco ou seis quilômetros de distância, e aos meus 8, 9 anos, frequentemente eu pegava a bicicleta e ia visitá-la. Ajudava a rastelar as folhas, a cuidar das árvores frutíferas no quintal e a fazer companhia à minha bisavó, jogando cartas com ela. Às vezes, ajudava também na cozinha.

O forno da vovó estava sempre em atividade. Cinco ou seis fôrmas de cobre brilhantes, reluzentes, pendiam acima dele, na parede. Volta e meia, vovó pegava a fôrma em feitio de galo, ou de coelho, ou de trevo de quatro folhas, e nela despejava o líquido quente e colorido de uma gelatina. Pedia-me depois para abrir a porta da geladeira e fazia deslizar cuidadosamente sobre uma das prateleiras a fôrma, que trazia a passos bem lentos do fogão. No dia seguinte, no jantar de domingo, virava a gelatina moldada pela fôrma em uma travessa e a enfeitava com creme de leite batido. Era uma visão e tanto.

Fôrmas são ótimas para se usar com gelatina.

Não com pessoas.

O que há na religião cristã que insiste tanto em que as pessoas sejam todas iguais? Por que tenho sempre a impressão de que os cristãos trazem consigo sua fôrma e querem que eu me encaixe nela? Será que as pessoas se sentem mais seguras quando as outras são iguais a elas?

Em João 21, lemos sobre a aparição pós-ressurreição de Jesus. Depois de passar a noite inteira pescando, Pedro, Tomé, Natanael, Tiago e seu irmão, João, e mais dois discípulos retornaram de mãos vazias. Ao aproximarem o barco da praia pela manhã, viram Jesus ali, mas nenhum deles o reconheceu. Ele os chamou, soube que nada haviam pescado e disse que lançassem as redes do lado direito do barco, onde encontrariam os peixes que tanto buscavam.

As redes ficaram tão cheias de peixes que os discípulos mal conseguiam içá-las para dentro do barco. João o reconheceu, e Pedro então ligou uma coisa com a outra. Aquele, de fato, era Jesus — que fizera tantos milagres antes. Pedro era um pouco lento para raciocinar, mas começava a entender. Não esperou e saltou no mar, perto da praia, para que pudesse chegar logo a Jesus, à frente dos demais.

Jesus acendera uma fogueira na praia e estava preparando a primeira refeição da manhã para eles, composta de peixe e pão. (Por que não se prega sobre homens que cozinham? Sempre ouvimos falar sobre "o que Jesus faria". Então por que ninguém menciona este episódio? É sério... Está bem; de volta à história.)

Depois que os discípulos arrastaram as redes cheias de peixes e comeram a refeição que Jesus havia preparado, Pedro e Jesus resolveram dar um passeio pela praia. É provável que essa tenha sido a primeira conversa longa que eles tiveram depois da morte e ressurreição de Jesus.

Jesus usou a conversa com aquele discípulo impulsivo para duas coisas: deixar claro o chamado de Pedro e informá-lo sobre sua morte.

Primeiro, Jesus confirmou o chamado de Pedro. Seu discípulo ainda teria de viver o conflito interior de o haver negado até conhecê-lo, após sua prisão no jardim do Getsêmani. Ali na praia, na mesma cadência das três negações de Pedro, três vezes Jesus lhe perguntou: "Você me ama?". A cada vez, a resposta de Pedro foi afirmativa, e Jesus completou, recomendando: "Cuide dos meus cordeiros; pastoreie as minhas ovelhas [...]". Na terceira vez, na verdade, Pedro se impacientou um pouco com Jesus e disse algo parecido com "Por que o senhor insiste em me perguntar isso? O senhor sabe que eu o amo". Ao que Jesus retrucou com toda a calma: "Então, cuide das minhas ovelhas".

Sabendo que em seu corpo físico partiria deste mundo em breve, Jesus estava ansioso por deixar claro o chamado de Pedro. Por isso, fez questão de esclarecer repetidas vezes seu desejo de que Pedro pastoreasse o povo de Deus. Além disso, nos versículos 18 e 19 Jesus permite ao discípulo entrever a própria morte: "'[...] quando for velho, [...] outra pessoa [...] o levará para onde você não deseja ir'. Jesus disse isso para indicar o tipo de morte com a qual Pedro iria glorificar a Deus".

Em seguida, acrescentou mais um "Siga-me!".

A maioria de nós acha que, se conseguíssemos ouvir Deus nos falar diretamente, seria mais fácil segui-lo.

Seria mesmo?

Impossível deixar de apreciar a resposta de Pedro. Depois de ouvir Deus lhe falar diretamente, observou que João, também discípulo, os acompanhava mais atrás, de modo que se voltou para Jesus e quis saber: "Senhor, e quanto a ele?".

Sim. *E quanto a ele*?

Pedro ouvira Deus lhe falar diretamente e, ao considerar o que ouvira, pensou: muito bem, é isso que tem atrás da porta número um; mas quero ver agora o que está atrás da porta número dois, antes de dar uma resposta definitiva. Não tenho certeza se já posso fechar o acordo.

O que Pedro queria saber é se talvez não preferiria viver a história de João. Gostaria de fazer uma rápida pesquisa de mercado antes de assumir qualquer compromisso. O que há de tão ruim nisso?

Bem, temos de ouvir a resposta de Jesus.

Jesus, aí, não argumentou calmamente com Pedro. Não foi doce nem gentil. Não procurou alcançar um acordo razoável com seu discípulo. Sua resposta foi dura e concisa.

"Se eu quiser que ele permaneça vivo até que volte, o que lhe importa? Quanto a você, siga-me!".

O que você tem a ver com isso?

Essa doeu.

É bastante revelador que a reação de Jesus ao desejo manifesto por Pedro de viver outro chamado, outra vida, tenha sido tão inflamado.

Às vezes, quando estou dando uma palestra, peço às pessoas que olhem para quem está à esquerda, depois à direita, e digo:

— Essas pessoas têm alguma coisa parecida com você?

Claro que a resposta é não.

— Então por que você olha para elas tentando adivinhar quem você gostaria de ser? — eu pergunto.

Todos fazemos isso. Ao fazê-lo, comparamos com a nossa vida a vida de Deus que seja externa a nós.

As fôrmas funcionam tão bem com a gelatina porque a gelatina é uma substância que não tem feitio próprio.

As pessoas, porém, não são assim — ou, pelo menos, não deveriam ser. As fôrmas têm limites rígidos, predeterminados, que criam contornos e não dão espaço a movimento.

Perfeitas para gelatinas, desastrosas para pessoas.

Há alguns anos, convidaram-me para falar em um retiro de igreja. Pela programação, eu falaria uma vez na noite de sexta-feira e duas no sábado. Após a primeira conferência, matutina, do sábado, o irmão que organizara o retiro me procurou.

— Temos uma mulher de nossa congregação aqui, neste fim de semana, cuja história é bastante interessante, e acho que se encaixa muito bem com os temas que você aborda. Será que se importaria se ela subisse à plataforma antes da sua próxima fala e compartilhasse sua experiência conosco durante uns seis ou sete minutos apenas?

Ele prosseguiu me contando alguns detalhes da história dela. Concordei que tinha tudo a ver com minhas palestras e respondi que ficaria encantada em poder contar com ela para dar início à reunião.

Só esqueceram de me dizer que tal mulher era Ketty Palau, a irmã de Luis Palau, conhecido como o "Billy Graham da América do Sul".

Pois bem...

Já ouviu uma palestra de alguém tão elétrico que você chega a ter a sensação de que o cabelo da sua nuca está arrepiado? Que quase o faz esquecer de respirar, tão fundo você mergulha na energia da mensagem?

Foi o que aconteceu comigo.

Senti-me muito feliz por ela.

Exceto pelo fato de que não me senti feliz coisa nenhuma.

Imaginei todas as pessoas presentes no salão empunhando cartazes em que se via uma grande nota 10. Em seguida, imaginei me levantando para falar depois daquela mulher, e na mesma hora os cartazes mudavam para 6,2 ou 3,4.

Nada me faria subir à plataforma depois dela. Ela era realmente excelente. Brilhante, carismática e cativante. Eu tinha certeza de que passaria mal na hora de falar e teria de voltar para os meus aposentos e me deitar um pouco.

Você deve estar achando que foi uma reação imatura da minha parte, e sou obrigada a concordar. É preciso levar em conta, no entanto, que sou cristã há bastante tempo para saber que é assim que as coisas funcionam: você acha que pode pecar por dentro, onde ninguém pode ver você.

Desse modo, enquanto todos esses pensamentos sombrios giravam na minha cabeça, certifiquei-me de, por fora, manter-me cortês, balançando a cabeça em sinal de aprovação e tomando notas de tudo. Por dentro, no entanto, tinha penetrado no mundo da comparação, e quem estava perdendo era eu.

Devo dizer a meu favor que tinha consciência de haver algo desesperadamente errado comigo.

Como sempre.

Por isso, nos pouquíssimos minutos que restavam entre o momento em que Kelly concluiria sua participação e eu daria início à minha fala, comecei um diálogo interior com Deus. Achei que seria uma boa ideia tentar deixar meu coração em melhores condições antes de falar.

Imaginei Deus me sussurrando: "Afinal, você quer ser a única mulher na história do meu Reino capaz de falar?".

Silêncio.

"Ééé... Bem, claro que eu não colocaria assim, mas já que o senhor fez... sim, pode ser, já que é o senhor que está dizendo..."

Outro silêncio demorado. Dessa vez não ouvi Deus dizer nada. Senti que ele aguardava minha resposta calar fundo em meus ouvidos.

Foi o que ela o fez.

Não gostei do som que causou. Claro, a princípio sim; mas depois que a ideia se instalou e eu a repeti para mim mesma, bem, ela deixou um gosto um tanto ruim em minha boca.

Creio que uma parte do meu coração desejasse isso de fato. Mas era uma parte obscura, não minha melhor parte. Naqueles poucos minutos, enfrentei algo em mim de que não me orgulhava e cavei um pouco mais fundo em busca de coisa melhor. A parte do meu coração que *não* queria ser a única mulher do Reino de Deus capaz de falar. A parte do meu coração que gostaria de se deixar cativar pela história impressionante de Ketty, como as demais pessoas do salão. A parte do meu coração que desejava se sentir feliz por ela, pela maneira com que Deus trabalhara em sua vida e como ele a capacitara para transmitir tudo que lhe acontecera com tanto poder.

A escavação foi um sucesso. Uma vez localizada essa parte do meu coração, agarrei-me com força a ela enquanto subia à plataforma, depois do aplauso estrepitante para Ketty, e transmiti o recado que Deus me dera.

Quando terminei e as pessoas começaram a se encaminhar para o almoço, encontrei Ketty. Ela não fazia ideia da guerra interior que eu acabara de travar. Fiquei contente por isso. Estendi a mão para apertar a dela e disse:

— É um prazer ser parte do Corpo de Cristo e ouvir uma pregação tão inspirada por Deus.

Estava sendo sincera.

A comparação é destrutiva demais. Corrói nosso amor pelas pessoas e faz que nos afastemos dos dons que Deus nos tem dado. Como Pedro, ela insiste em perguntar: "E quanto a ele? E quanto a ela?". Faz que nossos olhos fiquem dardejando por todo o salão, medindo as pessoas e levantando tabuletas com notas. Rouba-nos da história e dos dons que nos foram dados por Deus só porque gostamos mais do que é do outro.

A comparação se transforma em balança defeituosa sobre a qual nos colocamos, esperando ver como ficamos no confronto com aquele que ocupa o outro prato. Ela nos deixa invejosos, críticos e inseguros. É capaz de nos impelir rumo à competição doentia ou ao desejo impiedoso de agradar as pessoas. Deus nos quer livres disso.

Parte do que significa ser criado à imagem de Deus é que cada pessoa tem história, talentos e chamado próprios. Não tenho como encontrar os meus olhando para os seus. Sua história pode me inspirar ou exortar, mas não devo usá-la para determinar a minha.

O evangelho nos liberta da comparação, possibilitando-nos admirar os dons do outro e sermos gratos pela contribuição que possam fazer para o Reino. Em Cristo, não há necessidade de fôrmas de gelatina nem de confinamentos rígidos. Somos chamados a nos deliciar na diversidade que reflete as muitas facetas de Deus e lança luz sobre o que verdadeiramente significa ser criado à sua imagem.

CAPÍTULO 4
Pronomes

Sempre odiei as aulas de inglês nos tempos de colégio; ou melhor, sempre odiei a parte relativa à gramática. Adorava todo o restante — os exercícios e a leitura, as personagens e seu diálogo, redação e composição.

Já gramática, não. Parecia-me voltada demais para detalhes e tediosa demais para o meu cérebro. Embora meu circuito cerebral parecesse programado para gostar de histórias, sua velocidade caía para o de uma lesma quando confrontado com diagramas sintáticos e trechos do período. Bastava entrar na aula de inglês e ver os conhecidos riscos de giz na lousa anunciando a autópsia de uma sentença para gemer por dentro.

Nunca consegui entender como a mesma professora que nos apresentava maravilhas como Shakespeare e Jane Austen conseguia mostrar o mesmo entusiasmo por particípios. Esforçava-me muito para manter a concentração quando trabalhávamos com advérbios, adjetivos e outras coisas obscuras do gênero.

Não quis acreditar no dia em que a professora anunciou que ia fazer um teste de surpresa sobre pronomes.

Pronomes.

Estaria falando sério? Substantivos e verbos, pelo menos, nomeavam coisas ou indicavam uma ação — mas pronomes? São como primos em segundo grau dos substantivos, duas vezes mais distantes. Quem se importa com eles?

Desde então, meu modo de pensar sobre os pronomes vem mudando.

A maior mudança ocorreu quando comecei a entender melhor o conceito de comunidade. O entendimento correto de comunidade tem *tudo* a ver com pronomes.

Comunidade é um dos conceitos mais poderosos da Bíblia. O Gênesis tem início com ele, e com ele se encerra o Apocalipse.

Não costumamos pensar em *comunidade*, no entanto, como um termo poderoso. Preferimos diluir seu significado e redefini-lo, de tal modo que ele hoje é um termo brando e pouco exigente — quase uma não palavra.

Entendida corretamente, no entanto, a comunidade é algo muito poderoso. É o povo de Deus convivendo junto, tendo ao centro o próprio Deus. É o estilo de vida do qual emergem o evangelismo e o discipulado. É onde aprendemos a verdade a nosso respeito, onde somos amados em profundidade, onde os muros são derrubados e os excluídos são incluídos.

Quando estudávamos gramática, os pronomes nos pareciam partículas sem importância e inconsequentes do período. Hoje sei que isso não é verdade. Muito da linguagem que usamos para descrever a jornada espiritual gira em torno da palavra "eu". Ela é curta, desagradável e restrita demais para ser usada com algo tão grandioso como a comunidade.

A comunidade tem linguagem própria. E, em se tratando de comunidade, os pronomes são tudo. Na comunidade, a primeira pessoa do singular passa para a primeira do plural: de "eu" para "nós". Em algum lugar por aí, minha professora de inglês chora de alegria.

Na comunidade, pode-se encontrar uma solidariedade profunda pelo outro. Na comunidade, a identificação e a colaboração com o outro acontecem. Na comunidade, não somos o centro das atenções. O amor sacrificial, voltado para o outro, que Jesus põe ao nosso alcance, desvia o foco de nós mesmos para o quadro maior em que se inserem as pessoas.

Em uma noite de sábado, minha filha mais velha voltou de um culto de adoração para casa. Fora uma experiência que a afetara bastante, e, em consequência disso, ela escreveu em um pedaço de papel: "Ajuda-me a não estar bem só porque tudo vai bem comigo". Fiquei tão emocionada com isso que fixei o pedaço de papel em nosso painel de recados da cozinha, como lembrete de que na comunidade o que vale é sempre o *nós*. Na comunidade, se o outro não está bem, de certo modo eu também não estou.

O *nós* da comunidade bíblica indica um tipo de inclusão que é raro para a maioria das pessoas. Na estrutura social altamente estratificada e dividida da época de Jesus, os governantes religiosos e o povo comum não se misturavam. Mas Jesus propôs uma inclusão radical, que surpreendeu o povo comum e aborreceu os líderes religiosos. Ele despendeu tempo com pescadores, rabinos, oficiais romanos, crianças, líderes da sinagoga, agricultores, coletores de impostos, mulheres e, no mínimo, alguns defuntos. Fazia uma ideia bastante ampla do que o *nós* significa.

Na verdade, em Lucas 14.15-24, lemos uma história contada por Jesus que esclarece quão abrangente essa sua ideia era de fato. Veja, um homem muito rico resolveu oferecer um banquete e mandou chamar muitos convidados. Ocupado com os preparativos, enviou servos para distribuir os convites e trazer de volta as confirmações de comparecimento. Para sua surpresa, no entanto, os auxiliares retornaram com 100% não e zero sim. Pelo que tudo indicava, todos os convidados tinham dado só desculpas para não comparecer. Algumas, inclusive, bem pouco convincentes.

O homem rico que estava oferecendo o banquete ficou bastante decepcionado. Esperava que aquelas pessoas todas *quisessem* comparecer à sua festa. Como isso não aconteceu, e a festa era importante para ele, ordenou aos servos que saíssem e convidassem todos que encontrassem: mandou-os convidar os sem-teto que viviam na esquina, as mulheres que trabalhavam na cafeteria, os atendentes dos bancos; disse-lhes até para convidar as pessoas que estivessem nos hospitais e clínicas de repouso.

Feito tudo isso, e como *ainda* havia lugar para mais gente na festa, tornou a despachar seus criados com a recomendação de que saíssem por todas as estradas e continuassem convidando. Nessa altura da narrativa, Jesus usa de uma expressão impressionante: "[...] para que a minha casa fique cheia".

Na época de Jesus, as autoridades religiosas achavam que Deus, sem dúvida alguma, as incluiria em seu Reino. De acordo com essa história, no entanto, elas eram justamente as pessoas que haviam rejeitado o convite. É quando o convite passa de *vocês* para *eles*. Outra mudança fabulosa de pronome.

Parte da surpresa reside no fato de o Reino de Deus ser constituído de pessoas inesperadas. Para que a nossa comunidade espelhe com precisão o Reino de Deus, talvez tenhamos de ampliar nossas ideias em relação a quem convidar. O *nós* precisa incluir *eles*. Esse gesto, perturbador a princípio, expande, com o tempo, o nosso conceito de comunidade, para refletir o de Deus.

Existe no Reino de Deus um caráter inclusivo sem paralelo. Foi minha amiga Tamara quem me ensinou isso.

Ela e eu participávamos de um mesmo pequeno grupo quando éramos jovens mamães. Tínhamos ambas duas menininhas e engravidamos do terceiro filho aproximadamente na mesma época. Nos primeiros meses de gravidez, jogávamos tênis juntas mais ou menos uma vez por semana. Parecia um modo muito bom de manter a forma; mas eu só perdia, e achava isso irritante. Em razão disso, sugeri que mudássemos a rotina, passando a sair para almoçar uma vez por semana. Compartilhávamos da mesma babá para que nossas meninas pudessem brincar juntas e aproveitávamos o tempo para nos conhecer melhor. Falávamos sobre Deus, nossos casamentos e nossa vida.

Um dia, após o almoço, antes de irmos buscar as meninas, passamos na biblioteca. Quando estávamos entrando, notei uma moça pelo canto dos olhos. Sabe quando, às vezes, a gente vê alguém por esse ângulo, registra um monte de coisas ao mesmo tempo e tira conclusões apressadas? Pois bem, em cerca de dois segundos concluí que a moça era o que se poderia chamar de "gentalha". Desculpe-me a expressão grosseira, mas eis o que vi: ela usava roupas amarrotadas e sujas; seu cabelo estava todo embaraçado e um cigarro pendia do canto de sua boca. Estava frio ali fora (e eu digo frio considerando que isso aconteceu na Califórnia — devia estar fazendo uns 16 graus), e os dois filhos, que estavam com ela, vestiam roupas sujas e sem agasalho. Um deles estava descalço. A mulher ralhava impaciente com uma das crianças, parecendo aborrecida e preocupada. Não lhe dirigi um segundo olhar.

Quando saíamos da biblioteca, a mulher continuava no mesmo lugar. Ao passarmos por ela, percebemos pelo seu tom de voz a raiva que sentia enquanto gritava com os filhos. Na mesma hora, Tamara parou e falou com ela:

— Como é difícil quando eles ainda são assim pequenos, não é mesmo?

A moça olhou com ar de interrogação para minha amiga, sem saber se Tamara queria repreendê-la ou apenas demonstrar que se identificava com ela. Deve ter decidido pela segunda opção e de pronto relaxou os ombros.

— Sim — concordou, embaraçada. — Às vezes, é difícil mesmo.

Tamara ficou alguns minutos conversando com a moça e descobriu que ela não sabia como chegar ao ponto de ônibus mais próximo. Insistiu então que ela e os filhos nos acompanhassem até sua camionete para lhe dar uma carona.

Enquanto minha amiga agia assim, feito um anjo, eu não. Por favor, não me entenda mal. Por fora eu mantinha uma aparência maravilhosa. Sorria, acenava com a cabeça, como se pensasse do mesmo modo. Mas, por dentro, era uma mistura louca de raiva e culpa, sem saber ao certo qual desses dois sentimentos acabaria prevalecendo.

A caminho do ponto, Tamara puxou conversa com os garotos:

— Quando foi a última vez que vocês comeram?

— Ontem.

Dava para perceber a mãe mortificada. Tamara mais que depressa ajudou-a a se recuperar, anunciando:

— Vamos passar ali no McDonald's, antes do ponto.

Assim, ela, eu, a mãe e seus dois meninos estacionamos junto ao balcão de servir ao ar livre da lanchonete, compramos Big Macs e McLanches Feliz e só então fomos deixá-los no ponto de ônibus.

Semanas depois, contei a Tamara que meu lado de dentro e o de fora não tinham entrado em acordo naquele dia. Sua atitude radical de inclusão havia suplantado meu julgamento tacanho, baseado tão somente em minha primeira impressão.

Sempre me pergunto o que aquela mãe deve pensar quando se lembra daquele dia. Nunca mais viu aquela pessoa que lhe estendeu a mão; mas tenho quase certeza de que não se esqueceu do dia em que a bondade e a ajuda divinas cruzaram seu caminho por meio daquela mulher chamada Tamara.

Uma mulher que vivia no mundo do *nós*.

Quase toda vez que eu entrava na agência do correio do meu bairro, falava com o rapaz que trabalha lá. Tínhamos sempre uma conversa animada, e eu acabava dizendo que ele precisava ir à minha igreja um dia desses. Na semana passada, ele atendeu ao convite.

Cumprimentei-o, apresentei-o a algumas pessoas à minha volta e sentei-me junto dele durante o culto. Para mim, a parte mais poderosa daquele culto matutino foi quando me dei conta de quem estava sentado de ambos os lados. À minha direita, estava o rapaz do correio; à minha esquerda, uma advogada muito capaz, que frequenta nossa igreja com regularidade. Ela se apresentara ao meu convidado antes do culto, e assim os dois se sentaram cada qual do meu lado. Vinham de mundos socioeconômicos muito diferentes. O mais provável é que o caminho da advogada nunca cruzasse com o do empregado do correio, a não ser para mandar uma correspondência. Ou então como ali: em uma igreja.

Que posição extraordinária a igreja pode ocupar em termos da palavra "nós". Muros são derrubados com a mudança do pronome.

Jarrett Stevens, pastor principal na área de ensino do projeto Axis, era mestre em usar a palavra "nós" em suas ministrações. Isso fazia toda diferença, porque aproximava as pessoas, dando-lhes a oportunidade de se sentirem em uma comunidade, em vez de em um mar de indivíduos. Costumo dizer a Jarrett que ele nos transformou de congregação em comunidade.

Em um fim de semana, Jarrett iniciou sua mensagem convidando dez voluntários para subirem à plataforma. A nove deles, pediu que ficassem de lado, formando um círculo fechado de modo que um ficasse olhando para o outro. Em seguida, dirigiu-se ao que ficara de fora:

— Sua missão, se concordar em aceitá-la, é se colocar no centro daquele círculo em quinze segundos. Pode usar de todos os meios necessários para isso. Empurrar, dar cotoveladas, fazer cócegas, vale até arrancar sangue...

Ao mesmo tempo que Jarrett lançava o desafio ao rapaz, vimos o círculo se fechando mais. Os nove voluntários começaram a conversar entre si e, por fim, decidiram adotar a estratégia de dar os braços, colar as pernas umas nas outras e fazer o círculo girar lentamente, a fim de impedir a entrada de quem quer que fosse.

Nos quinze segundos seguintes, o rapaz, de 22 anos, tentou como um desesperado penetrar no círculo. Enfim, esgueirou-se entre dois corpos e mergulhou para dentro sob vivas da plateia. Tinha conseguido!

Pouco mais de um minuto foi o tempo que os voluntários levaram para retornar a seus lugares e a congregação se acalmar. Em seguida, pausadamente, Jarrett indagou:

— Quando dei as instruções para o exercício, qual foi a única coisa que eu não disse em momento algum?

Silêncio.

— Em momento nenhum, disse para o grupo manter o outro rapaz fora do círculo.

É quase instintivo, não? Nem precisa propositadamente dar os braços e girar; com um simples dar de ombros e desvio de olhar, já dá para transmitir a quem quer que esteja fora do nosso meio. Fiz isso com a moça da biblioteca e aposto que você também já o fez com alguém. A moça da biblioteca não foi também a única com quem agi assim.

Sei que você deve ter suposto isso, mas achei que devia dizê-lo.

Já excluí pessoas, sim, mas também já fui a excluída. Faz alguns anos, compareci à trigésima reunião anual da minha turma do segundo grau. (Meu filho de 16 anos comentou: "Por que você vai? Vai ver que todo mundo já morreu...". Respondi que ia só para o caso improvável de mais alguém continuar vivo. Sim, ele é um garoto muito engraçadinho.) Avistei Dana pouco depois que cheguei. Íamos juntas à escola desde a primeira série, mas durante uns dois meses do curso de ensino médio ela transformou minha vida em um inferno. Claro, fora há muito tempo, mas fiquei atônita com o aperto que se formou na boca do meu estômago, uma reação espontânea, assim que a vi. Impressionante a rapidez com que vim a me lembrar da dor daquela exclusão. Igualmente extraordinário foi o fato dessa dolorosa experiência *não me* haver impedido de fazer a mesma coisa com outros.

Nosso instinto de excluir é muito comum.

O *nós* da comunidade é a inclusão radical de que Jesus fala. É a insistência de Deus de que sua casa *fique cheia*, e sua declaração de que os convites sejam expedidos para pessoas que não constam da lista original de convidados.

Talvez seja dessa mudança de pronome que o mundo tem fome; talvez o ímã capaz de atrair a Deus seja o *nós*.

Curioso poder encontrar Deus em um pronome.

Quem haveria de imaginar?

CAPÍTULO 5

Trabalho

No verão em que completei 15 anos, trancafiei-me no banheiro. Não pelas razões típicas que levam meninas de 15 anos a se trancafiarem em banheiros. Não brigara com meus pais nem sofrera uma desventura amorosa. Não tentava esconder minhas lágrimas nem contar até dez.

Eu estava trabalhando na empresa do meu pai, a Republic Supply, fazendo um serviço enfadonho e desinteressante de arquivo, quando uma mulher chegou até mim e me entregou um envelope branco com uma pequena abertura transparente na frente. Tendo 15 anos, agradeci como se estivesse à espera daquilo e fui direto para o banheiro. Tranquei-me em um dos compartimentos privados e, da maneira mais silenciosa possível na acústica perfeita de um banheiro de mármore e cheio de espelhos, abri o envelope e extraí dele o conteúdo.

A verdade é que não fazia ideia do que esperar. Uma carta me advertindo de que não vinha realizando um bom trabalho, talvez? (Creia, dada a minha incompetência administrativa, admirava-me ainda não ter recebido uma carta dessa.) Ou talvez meus colegas de trabalho estivessem ocupados demais e resolvessem me passar alguma orientação por escrito? Fazia sentido, ainda mais porque pareceria uma cena de *O agente da U.N.C.L.E.*, e eu adorava essa série de TV. Quem sabe a empresa servisse apenas de fachada para uma operação de espionagem.

(Eu já disse que tinha 15 anos, na época?)

Era o cheque do meu salário. Datilografado, oficial. Devo ter ficado olhando para ele uns cinco minutos. Até hoje, aquele momento permanece como uma de minhas lembranças mais vívidas, e olhe que não tenho muitas mais; pode confirmar com meus filhos. Senti uma mistura de espanto, entusiasmo e orgulho. O cheque estava impresso em papel rosa-claro com algumas linhas brancas formando ondas por cima. Era liso, agradável ao toque, e corria perfeitamente para dentro e para fora do envelope. Não tinha nada a ver com a sra. Atkins me entregando algumas notas de dólar dobradas depois de passar uma noite cuidando de seus filhos. Eu havia descido em Marte, e a atmosfera me agradava.

Não era só o cheque do pagamento, porém, que eu amava. Era o trabalho também, apesar de tudo. Adorava a sensação de fazer algo importante, que ajudaria outras pessoas, que estava dentro da minha capacidade de realizar.

Quando criança, levantava todas as manhãs com o cheiro do café e a visão de meu pai, de camisa imaculadamente branca e gravata, sentado à mesa do café, lendo jornal. O perfume de sua loção pós-barba se espalhava suave por toda a cozinha, e ele sempre transmitia um sentido de expectativa ao se preparar para dar início ao seu dia de trabalho.

Mamãe me levava de carro à escola toda manhã. Depois de me deixar, seguia mais alguns quilômetros até seu trabalho. Na década de 1960, minha mãe era ainda das poucas mulheres que trabalhavam fora de casa. Parecia sempre vestida e pronta para ir trabalhar, e seu estado de ânimo parecia acompanhar a mesma linha.

Meus pais amavam o que faziam e eram bons em suas atividades. Isso é uma combinação dinâmica.

Graças a Deus que hoje é sexta-feira.

Odeio meu trabalho.

Mal posso esperar para me aposentar e enfim começar a viver.

Não entendo isso.

Como acontecia nos meus 15 anos, ainda amo trabalhar. Amo me levantar de manhã e me vestir para o trabalho. Amo consultar a agenda para saber o que me espera ao longo do dia. Amo trabalhar em equipe para fazer as coisas se concretizarem. Amo os relacionamentos que desenvolvo. Amo as obrigações. Amo sonhar e imaginar o que poderia ser, que aspecto o futuro poderia ter e como eu poderia fazer diferença. Amo o processo de transformação e aperfeiçoamento, pôr as engrenagens em movimento para realizar o que pensei. Amo celebrar as vitórias ao longo do caminho e aprender com as perdas. Amo observar a equipe cada vez mais saudável e feliz à medida que se aprimora no trabalho que desempenha.

Bem lideradas, as pessoas não só realizam grandes coisas, como também se aperfeiçoam durante o processo. Existe essa espécie de redenção no trabalho.

O Senhor deu o trabalho a Adão e Eva antes da Queda. O trabalho não é consequência do pecado; é outra forma de desenvolver a imagem de Deus que reside em todos nós.

Um dos motivos por que considero extraordinário o local de trabalho é que ele costuma aproximar um grupo diverso de pessoas que, em qualquer outra configuração de vida, jamais se encontrariam. Poucos anos atrás, nossa família saiu de férias, e as crianças quiseram passar no McDonald's. Enquanto esperávamos em uma fila incrivelmente comprida para fazer nossos pedidos, observei como o gerente daquela loja realizava seu trabalho. Cada funcionário atrás do balcão representava o segmento de uma ampla gama demográfica e etária, e, pelo que notei, o gerente procurava extrair o melhor de cada um deles. Primeiro, dirigiu-se ao adolescente ocupado em grelhar a comida:

— Você está ganhando 7,25 dólares por hora, não está? — disse ele. — Lembra-se de quanto ganhava no ano passado, nesta época? Nunca dei aumento tão rápido para ninguém.

O menino corou um pouco e baixou os olhos. Encabulado, respondeu:

— Bem, na verdade, nunca fiquei tanto tempo assim em nenhum emprego para ter aumento.

— Não dá para entender — retrucou o chefe. — Você faz por merecer cada aumento que recebe. Seu trabalho é muito bom! Vamos lá, agora eu quero que você me prepare dois *cheeseburgers* só com *ketchup*.

E afastou-se para falar com outro empregado.

O homem, de mais idade, cuidava das frituras. Devia ser aposentado e trabalhar para ganhar uma renda extra. O gerente o chamou pelo nome, apontou para a máquina de fritura e disse:

— Sabe de uma coisa? Ninguém frita como você. Sua "fritação" está cada vez melhor!

Foi em seguida até a máquina do sorvete, onde um deficiente físico se incumbia de encher as casquinhas. O gerente chamou esse funcionário também pelo nome e cometeu uma tentativa horrorosa de fazer piada:

— Meu amigo, você está fazendo um trabalho tão bom que chego a me derreter todo de orgulho.

Os empregados que estavam suficientemente próximos para ouvi-lo suspiraram, zombando do exagero.

O gerente, porém, apontando para o deficiente, prometeu:

— Olhe, você tira tão bem os sorvetes que na semana que vem quero que comece a treinar com o seu colega das frituras.

O citado colega na mesma hora se empertigou orgulhoso, com um sorriso no rosto. O rapaz do sorvete disfarçou um pouco sua satisfação, mas era evidente que ambos estavam altamente felizes com os respectivos elogios e em seu serviço.

O gerente ainda não terminara. Voltando-se para a moça de atendimento no balcão, disse:

— Sabe que horas são? É melhor você ir embora. Não tem de buscar os filhos na escola? Vá, pode ir. Eu limpo o balcão. Ah, se quiser, traga as crianças aqui depois da escola, para lancharem por minha conta.

Ela respondeu:

— Ainda faltam alguns minutos para eu acabar o expediente. Dá para eu pelo menos passar um pano na geladeira das bebidas.

E não foi embora de imediato, porque o gerente havia ganhado sua lealdade.

O que mais me emocionou, no entanto, foi o modo de ele falar com a mulher de meia-idade do caixa. Quando olhei para ela, a única palavra que me veio à mente foi "solidão". Observando sua preferência em termos de cabelo, maquiagem e vestimentas, presumi fazer parte daquele grupo de pessoas que costumam ser consideradas socialmente desajustadas. Não havia aliança em sua mão que indicasse estar ligada a alguém. Tive a nítida impressão de que em qualquer agrupamento de pessoas ela sofreria exclusão. Ali, no entanto, ocupava o centro das atenções, operando a caixa registradora, anotando pedidos e, evidentemente, feliz da vida.

Mais de uma vez, o gerente levou a mão a seu ombro ao passar por ela. Por fim, chamando-a pelo nome, disse-lhe algo simples como:

— Há quatro horas que eu vejo que você está nessa caixa e ainda mantém a fila andando! Não sei como consegue isso.

Ela não saberia responder senão como fez, com um sorriso.

Esse grupo de pessoas, tão discrepantes entre si, formava uma equipe unida. O gerente realmente as liderava e transmitia um sentido e significado de vida a cada uma delas. Todos faziam um excelente trabalho. Que combinação notável.

No clássico *Um dia na vida de Ivan Denisovich,*[3] Aleksandr Soljenitsyn escreveu sobre o poder redentor do trabalho. "Mesmo com o corpo esticado a ponto de quebrar, sentiu uma pontada de orgulho quando o oficial do *gulag* examinou a fileira de tijolos que ele assentara e elogiou: 'Muito bem alinhado'."

Fomos criados para trabalhar.

O norte-americano médio passa cerca de 60% da vida no trabalho ou desenvolvendo atividades relacionadas com seu serviço. Por algum motivo, no entanto, os cristãos acham que temos de separar a "vida profissional" da "vida com Deus". O que não se percebe é que o trabalho pode ser um dos principais fatores de formação espiritual de nossa vida.

É importante como vivemos de segunda a sexta ou sábado. Comparecer ao trabalho com um sentido renovado de propósito e a expectativa de poder contribuir bem tanto

---

3 SOLJENITSYN, Aleksandr. **Um dia na vida de Ivan Denisovich**. São Paulo: Siciliano, 1995.

para o serviço quanto para apoiar os outros tem um papel significativo no que representa seguir Cristo.

Todo dia em que você sai para trabalhar, seja seu emprego o ponto culminante de sua paixão e seu chamado, seja apenas um degrau na jornada que o levará a descobrir o que quer realmente fazer na vida, você tem oportunidade de honrar Deus. Tem a oportunidade de experimentar a alegria de trabalhar, a alegria de servir e a alegria de liderar. Todo dia em que você sai para trabalhar, pode se juntar a Deus na aventura daquele dia, participando com ele de quem ele quer que você se torne e do que precisa que realize.

É muito fácil perder isso de vista.

Na época em que cursei a pós-graduação, trabalhava como enfermeira em um hospital de Orange County. Descobri logo que aquele trabalho nada tinha a ver com minha paixão e meu chamado, mas nele havia coisas de que eu gostava. E, temporário ou não, era o meu emprego.

Houve dias em que fui para o trabalho com um forte senso de chamado, e outros em que contei os minutos entre o momento da entrada, às 15 horas, e o da saída, às 23h30. Uma tarde, em particular, mal eu passara pela porta de entrada e já olhei para o relógio, pensando no tempo que faltava para o intervalo do jantar. O tempo todo reclamei por dentro, a cada paciente que atendia, pensando: "Esse aqui podia muito bem ser tratado em um consultório médico. O que essa gente toda vem fazer aqui?".

Só queria era ir embora para casa. Mas, como é comum acontecer em um plantão de emergência, dois minutos antes do término do meu chegou uma paciente. Mandaram-me examiná-la e dar entrada no caso. Não fiquei nada contente.

A mulher devia ter quase 40 anos. Seus três filhos e o marido tinham saído de férias no dia anterior. Ela ficara por causa do seu trabalho. Pretendia juntar-se a eles no dia seguinte. Apresentava sinais de gripe havia dois dias e estava começando a piorar. Tomei nota dos sintomas, informei-me sobre seu histórico de saúde e conferi seus sinais vitais. O tempo todo, eu pensava: "Isso é só uma gripe, minha amiga. Vá para casa. Coisa que eu também quero fazer. Vamos as duas embora daqui".

Pouco depois de o médico examiná-la e mandá-la fazer alguns exames, os resultados surgiram de repente na tela do computador. Analisando-os com atenção, a fronte do médico se encheu de sulcos, e ele olhou para mim.

Leucemia.

Uau, por essa eu não esperava.

A mulher não se juntaria a ninguém no dia seguinte para passar férias. Seria transferida para a unidade de terapia intensiva a fim de ser monitorada, fazer mais exames e se consultar com especialistas. Observei o rosto dela enquanto o médico falava e vi medo estampado nele.

Havia procurado o pronto-socorro querendo melhorar de uma gripe, tivera de suportar uma enfermeira mal-humorada, que só pensava em ir para casa, e acabara descobrindo que a gripe *não* era uma gripe.

Como não conseguiria entrar em contato com a família, a não ser pela manhã, fiquei com ela até que a levassem para a terapia intensiva. Sentei-me e a escutei falar do marido, dos três filhos, do trabalho. Respondi a perguntas e lhe expliquei que tipo de testes faria e quais os outros especialistas que teria de consultar. Em determinado momento, ao se conscientizar da gravidade da situação, lágrimas escorreram por suas faces. Ela ainda me agradeceu por lhe fazer companhia.

O desfecho do caso foi rápido e horrível. Ela nunca mais deixou o hospital, vindo a falecer cerca de duas semanas após dar entrada no pronto-socorro. Nunca esquecerei a visão de suas três crianças pequenas e do marido desesperado ao lado do leito.

Para mim, tudo isso serviu como um lembrete vívido de que cada dia que vou para o trabalho representa uma oportunidade de ser parceira de Deus naquilo que ele está fazendo no mundo. Não só quando meu emprego esteja no centro do meu chamado e paixão. Não só quando meu serviço resulte em coisas revolucionárias que salvam vidas. Não só quando realizo minhas tarefas em uma igreja.

No verão passado, uma colega de minha filha, da mesma idade que ela, trabalhou como garçonete em um restaurante próximo. Como também servi mesas quando na faculdade, divertimo-nos muito conversando sobre a experiência que ela estava vivendo. Seu gerente era fantástico e a motivava de verdade a fazer um excelente trabalho como garçonete. Tinha o hábito de incentivar os empregados a pensar nas pessoas que entrariam no restaurante naquele dia. Lembrava-os de que alguns fregueses viriam para almoçar no intervalo do expediente, outros para se reunir com os amigos, e outros, ainda, para comemorar. Todos eles esperando, naturalmente, que a comida e o ambiente fossem agradáveis. Dizia então às garçonetes, cozinheiras, auxiliares e recepcionistas que cada um desempenhava importante papel nessa experiência. Pedia que tivessem em mente o prazer que é servir às pessoas. Claro, algumas dessas poderiam ser difíceis de lidar, mas a maioria certamente se mostraria bastante razoável e disposta a fazer uma boa refeição.

Garçonetes, mecânicos de automóveis, fabricantes de *microchips*, bibliotecários, assistentes de garçom, professores, *web designers*, técnicos esportivos, corretores do mercado de capitais, juízes, operários da construção civil, advogados — todo mundo tem uma oportunidade concedida por Deus de realizar tarefas importantes e, nesse processo, valorizar as pessoas.

Que combinação dinâmica!

Quando nossos filhos eram mais novos, todos os anos John falava durante uma semana em Forest Home, um acampamento cristão nas montanhas San Bernardino. O acampamento oferecia excelentes programas para crianças, além de grande período de tempo livre para fazer caminhadas, ler e nadar em família. Algumas das lembranças mais ternas de infância dos nossos filhos são dessa época.

De noite, enquanto as crianças participavam de programação própria para elas, os adultos se reuniam para adorar Deus e ensinar a Palavra. Uma noite, em especial, antes de John falar, o diretor do acampamento, Ridge Burns, levantou-se para fazer alguns anúncios. Convidou então três adolescentes que estavam trabalhando na cozinha para que viessem se juntar a ele na plataforma.

Os meninos pareciam ter ficado um tanto confusos, sem jeito e envergonhados. Ainda usando os aventais brancos cobertos de manchas, da cozinha, perfilaram-se junto ao dirigente.

Ridge começou nos contando quem eram aqueles meninos e explicando serem responsáveis por grande parte do que acontecia na cozinha. Bem, foi tudo o que precisou dizer diante de uma sala repleta de pais gratos por alguém colocar cada refeição do dia à sua frente e dos seus durante uma semana. O aplauso foi estrondoso; mas Ridge apressou-se a interrompê-lo de supetão.

— Oh, creio que houve um mal-entendido aqui — disse ele.

Voltou-nos então as costas e, olhando para os meninos, continuou, dirigindo-se a eles:

— Eu não os trouxe aqui para serem vistos. Eu os trouxe aqui para que vejam. Meninos, a razão pela qual vocês estão trabalhando está atrás de mim. Quero que olhem para todos esses rostos. São estas pessoas a quem vocês servem quando estão na cozinha. Vocês não precisavam vir para cá neste verão. Poderiam estar em casa neste exato momento, passando o dia na praia com os amigos. Ao escolherem este trabalho, no entanto, escolheram servir, e estas são as pessoas a quem vocês estão servindo.

E prosseguiu:

— Deixe-me dizer algo sobre esses cidadãos. Todos aqui são pais. Alguns são casados, outros, não, mas todos têm filhos, que para eles é a coisa mais importante do mundo. Todos trabalham, alguns fora, outros em casa. Há quem tenha mais de um emprego, para poder conseguir fechar as contas no fim do mês.

— Essas pessoas adoram ser pais, mas estão cansadas, exaustas. Vão do trabalho para casa todo dia e tentam ajudar os filhos com o dever de casa e ainda servir o jantar. Perguntam-se quase todos os dias se de fato são os melhores pais que procuram ser. Buscam se conectar com Cristo, mas às vezes se perguntam como fazer isso, considerando como vivem ocupadas.

— Esta semana, vieram para cá com a família. E vocês estão dando a elas um grande presente, que é o tempo. Eu sei, vocês pensaram que iriam servir comida a eles e à sua família, mas na verdade é tempo que lhes estão dando. Graças à sua atividade na cozinha, esses pais podem fazer tudo sem pressa e desfrutar de três refeições por dia com os seus. Podem fazer caminhadas com os filhos ou ficar a sós para conversar com Deus e ouvi-lo falar. Estão sendo renovados, encorajados, repletos — e isso em grande parte porque vocês estão na cozinha. Excelente trabalho, meus jovens. Muito obrigado!

Acredite quando digo que seria possível ouvir um alfinete cair naquela sala quando os meninos começaram a voltar a seus lugares. Então, irrompeu um aplauso ensurdecedor. Nós os aplaudimos. E aplaudimos Ridge também. Que grande líder! Que grande chefe! Que grande visão, lembrar aos voluntários da cozinha as pessoas a quem estavam servindo! Não se trata de panelas e caçarolas, assados e sobremesas. Trata-se simplesmente de pessoas.

É fácil perder a real dimensão do serviço quando nos deixamos levar por coisas como prestígio, *status*, atenção e salário. Ou por um foco inflexível em nossa autossatisfação: esse emprego será a minha paixão, meu chamado, meu destino? Tais perguntas podem ser boas (exceto talvez a última, sobre o destino — um pouco dramática demais, em minha opinião), mas são um luxo. Voltamo-nos para o "eu" quase com exclusividade e perdemos então uma importante parte da razão pela qual o trabalho é bom e é dado por Deus: porque não tem a ver somente comigo. Trabalho tem a ver com servir.

Gosto de pensar na pessoa que Deus quer que eu seja. Sou capaz de me envolver em discussões acaloradas sobre como ser essa pessoa e como encontrar meu chamado e minha paixão. Mas reconheço que a maioria das pessoas não pode se dar a esse requinte. Nas manhãs de quinta-feira, quando o caminhão de lixo passa por nosso bairro, eu me questiono se os rapazes que trabalham nele estão vivendo seu chamado e sua paixão. Mas, mesmo não o fazendo do ponto de vista vocacional, é de todo possível que, ao trabalharem duro, estejam servindo aos outros e extraindo alegria e satisfação de um trabalho benfeito.

Há algo do Reino de Deus na terra nesse fato.

O trabalho se torna mais uma possibilidade de encontrarmos Deus. Não existe um canto ou fissura neste mundo em que Deus não esteja.

O intervalo entre a entrada e a saída do trabalho é só mais um desses lugares.

CAPÍTULO 6
comum

alguns dos dias de que mais gosto são aqueles que passo de calça moletom cinza e mocassim. meu marido tenta me explicar que se usa moletom com tênis ou mocassim com *jeans*, nunca moletom com mocassim. isso, de certa forma, me faz querer usufruir ainda mais dessa combinação. surpreende-me constatar que meu marido faz parte do "esquadrão da moda". quem haveria de imaginar?

de moletom cinza eu cuido dos meus afazeres, vou buscar a roupa na lavanderia, compro meias ou roupas de baixo para vários membros da família e passo no supermercado. coisas tão comuns, tão pouco impressionantes, que se deixam descrever muitíssimo bem em letra minúscula.

por favor, não me entenda mal, não quero impressionar ninguém, tanto quanto qualquer um não quer. mas o comum é, às vezes, muito bom. telefonei para minha velha amiga susan outro dia, e ela me contou que passara o dia todo no jardim. falou das várias plantas e da configuração do seu jardim, da mistura de terra e estrume que usa para cobrir o terreno e do trabalho de capina que realizara. o que mais me impressionou, no entanto, foi a alegria em sua voz. a satisfação profunda.

naquele dia, susan sentiu profunda ligação com Deus, não porque tivesse ficado em silêncio ou diminuído seu ritmo de atividades, mas porque fora um dia muito agradável, muito comum. nada havia feito nele de notável que merecesse ser registrado em um artigo ou relatado em um sermão. desfrutara, simplesmente, de um dia comum, neste mundo incrível que Deus criou, daí serem memoráveis a alegria e a sensação palpável da presença dele.

o comum tem esse poder. ele nos dá uma percepção de propósito divino, mesmo no mundano, uma espécie de liberdade que nos desobriga da necessidade de sermos importantes — necessidade essa capaz de nos fazer curvar sob o seu peso e sufocar nosso pobre eu. o comum transmite a paz, a alegria e o equilíbrio que nos voltam para Deus e o estabelecem em profundidade em nosso interior.

cresci em uma casa de dois quartos, um banheiro, garagem separada da construção principal e sem ar-condicionado. passei muitos dias da infância andando de bicicleta, brincando com os filhos dos vizinhos e irrompendo cozinha adentro quando chegava a hora do jantar. eu usaria facilmente a palavra "comuns" para descrever os anos da minha infância.

deliciosamente comuns.

que mundo maravilhoso.

---

belém.

está brincando comigo?

nada de hotel quatro estrelas, nada de tapete vermelho estendido na entrada, nada de turnês de lançamento de livros nem conferências. no entanto, alguma coisa de especial estava acontecendo em belém e sem contar com cobertura jornalística. Deus tinha um motivo para esse início tão humilde.

certamente que ele se mostrou com frequência no extraordinário, no miraculoso e no empolgante. não há a menor dúvida quanto a isso. mas me pergunto se às vezes não sentimos sua falta por sentirmos falta de quão frequentemente o comum se nos apresenta — e pelo fato de Deus também estar nele.

não foi só belém; houve ainda trinta anos vividos na obscuridade. foram trinta anos de dias comuns. em 33 anos, trinta. até os porcentuais tendem para o comum. o que podemos entender disso tudo?

às vezes, quando passo por uma cidade pequena, noto as roupas penduradas nos varais estendidos no fundo das casas e me pergunto quantas histórias e dias comuns não têm sido vividos naquele lugar e ao redor do mundo.

vidas comuns que podem agradar e honrar Deus.

quando tinha 20 e poucos anos, passei um bom tempo em consultórios médicos submetendo-me a exames para detectar o que parecia ser uma enfermidade neurológica crônica, progressiva. por cerca de quatro meses, achei que talvez fosse ficar o resto da vida presa a uma cadeira de rodas. lembro-me de ter pensado: "o que eu não daria pela promessa de uma vida de dias comuns".

com o tempo, ficou claro que qualquer que fosse o fator responsável pelo problema, não era tão sério quanto temíamos. eu andaria pelo resto da minha vida. o que permaneceu comigo desde então foi uma profunda consideração pelos dias comuns. Deus está tão presente naqueles dias em que tudo acontece como sempre, em que nada se sobressai à rotina, tanto quanto nos dias extraordinários.

pode ser que, ao sairmos à procura de Deus, descuidemos do comum; enganamo-nos quando somos levados a pensar que, se ele é Deus, estará somente no grandioso e no glorioso, no momento de decisão, na guinada de 180 graus.

com certeza estará. mas *não somente* nessas ocasiões.

Deus é tão grande, tão tudo, que até o comum é sagrado. dias comuns, lugares comuns, atividades comuns — ele está presente. até mesmo quando minha vida é descrita em letras minúsculas.

esse é um bom ponto de partida para começar sua procura.

CAPÍTULO 7

Equilíbrio

Lembro-me como se fosse ontem. Ouvia rumores de uma vida equilibrada, mas na verdade desconhecia como alcançá-la. Ouvia as pessoas falarem de como o equilíbrio mudara a vida delas e quanto isso agradava a Deus, mas não entendia muito bem. Até que assisti a uma conferência.

O palestrante desenhou um diagrama de *pizza* e com isso me fisgou. Era tão simples e claro que cheguei a me indagar por que levara tanto tempo para descobrir. Ali estava a resposta. Rabisquei com fúria dentro de cada um dos compartimentos idênticos que dividiam o círculo. Havia títulos e versículos bíblicos referentes a cada área. Quando ele acabou de falar, lá estava: um diagrama lindo, minha vida equilibrada.

Havia uma fatia para Deus e, como não podia deixar de ser, ela foi a primeira que todos nós da plateia preenchemos. Precisávamos entender que, para fazer funcionar essa vida equilibrada, Deus tinha de ser a primeira fatia. Em seguida, foi a vez da família, do trabalho, do exercício e das amizades. Depois, uma multidão de fatias adicionais (como da escola, por exemplo), dependendo da época da vida em que cada um se encontrava.

Havia tanta esperança e promessa naquele diagrama. Era a resposta para o que me afligia. Embarquei em minha nova vida com uma avidez semelhante ao nascer de novo. Só tinha um problema. Na verdade, três.

Não funcionava.

Não era teologicamente correto.

E não era tão divertido como parecia.

Comecemos pelo segundo problema. Teríamos muita dificuldade em encontrar uma personagem bíblica que fosse famosa pela "vida equilibrada". Pedro foi um dos primeiros a abandonar seu ganha-pão para seguir Jesus, desistindo dos peixes para se tornar pescador de vidas. Paulo — você já sabe onde quero chegar — acessou sua agenda para mostrar à igreja de Corinto que sua programação incluía ser preso, levar surras e chicotadas, enfrentar naufrágios e fome. Ao que parece, ele tinha necessidade urgente de um diagrama de *pizza*.

E Jesus?

Por favor!

Jesus precisava se afastar das multidões porque elas tomavam o seu dia todo. Chegou a pegar no sono dentro do barco, no meio de uma tempestade, tão cansado estava. Falou sobre não ter lugar onde deitar a cabeça à noite. Não serviria de garoto-propaganda do equilíbrio.

Espere um pouco, você dirá! Teve a Maria (da famosa dupla Marta e Maria). O que tem ela? Bem, Maria parece que era equilibrada.

Exceto pelo fato de que não era, não.

Lembra-se de quando Jesus falou com Marta e lhe disse que Maria escolhera "a boa parte", aquela que não lhe podia ser tirada? À primeira vista, talvez parecesse que ela voltava em direção ao equilíbrio. Na verdade, no entanto, era justamente o contrário. O que Jesus disse a Marta é que "Maria está fazendo a coisa certa.

Ela rejeita o atual papel social das mulheres e, em vez de ficar na cozinha, seguindo as normas estritas de vida que lhe foram prescritas, senta-se aos pés do Mestre para aprender, como discípulo". Papel que era reservado com exclusividade aos homens naquela época. Maria não estava nem dentro do *próprio* círculo!

Pode-se fazer muita coisa com muitas ideias expostas na Bíblia — tomar a própria cruz, negar a si mesmo, entregar-se a Deus, pagar o preço do discipulado — mas ela não contém muitos exemplos, propriamente, de equilíbrio. A teologia não cuida disso.

Anos atrás, meu marido viajou para a Etiópia com um grupo da nossa igreja. Tínhamos duas filhas na época, uma com 3 anos e a outra com 1 ano e meio. Tenho a certeza de que as duas não saíram da cabeça de John enquanto ele servia naquele país, tão carente de recursos.

Nunca me esquecerei de sua saudação assim que desceu do avião depois de duas semanas lá fora. Ele me abraçou e às meninas como se nunca mais fosse nos soltar. Depois, já no carro, enquanto relatava tudo que vira e fizera, ele comentou:

— Sabe, quando uma mãe etíope, que não sabe nem de onde pode vir a próxima refeição de seus filhos, pensa nos cristãos norte-americanos, duvido que espere que aprendamos a ter uma vida equilibrada.

Uau!

De qualquer forma, além de não ser teologicamente correto, não tenho certeza de que o equilíbrio funcione.

"Equilíbrio" é uma palavra interessante, que evoca a imagem de uma ginasta concentrando todo o seu esforço em permanecer em cima da barra. A cada hesitação, a cada passo errado, ela irá perder pontos. E, por mais obstinada que seja, não tem como permanecer sobre a barra indefinidamente.

Mesmo no auge da sua capacidade, seu equilíbrio é apenas temporário.

O equilíbrio transmite a ilusão de controle. O conforto da ordem. Muitos se sentem atraídos pela ideia de equilíbrio porque ele promete aliviar o estresse do nosso mundo, cujas prioridades competitivas tentam nos chamar a atenção o tempo todo. Exaurimo-nos no processo de querer cuidar de todas essas prioridades, sentindo-nos insatisfeitos, sem foco, cansados e confundidos por um Deus que parece querer que façamos isso.

Assim, traçamos nossos diagramas, em busca de equilíbrio. Durante algum tempo, ficamos em paz. Então, a vida se acelera. Queremos espremer mais outras duas fatias em nosso diagrama, mas, mais uma vez, perdemos o equilíbrio. O diagrama, com suas linhas divisórias, já predeterminou quem e o que irá obter nossa real atenção, incapacitando-nos de reagir no momento certo. O que necessitamos, acima de tudo, é manter o equilíbrio precário.

Um dos perigos do cristianismo é que muitas vezes seguimos um conceito como se fosse do evangelho, sem parar para pensar na verdade da sua exatidão.

Creio que o equilíbrio seja um deles, um mito. Um unicórnio. Uma coisa curiosa, uma criatura bonita e, ainda assim, um mito. Uma criança que acorde chorando no meio da noite com 40 graus de febre e uma tosse sufocante não requer a presença de um pai ou uma mãe equilibrados. Precisa é de um remédio, uma toalha umedecida com água fresca, um carinho, uma canção de ninar — tudo isso fornecido por uma mãe ou um pai que possa segurá-la contra o peito e embalá-la em uma cadeira de balanço até que adormeça de novo.

Trabalho e liderança exigem muitas vezes nosso pleno envolvimento, ou um acréscimo que ultrapasse as linhas divisórias do nosso diagrama. Atividades pelas quais somos apaixonados exigem de nós uma paixão que não está contida em diagrama algum.

As pessoas que mais admiro são aquelas que vivem uma entrega total a Deus, aos dons com que ele as tem abençoado e ao objetivo de fazer diferença neste mundo corrompido. Vejo--as não apenas com admiração, mas também com profunda comoção interior. Sinto-me atraída a querer viver desse jeito.

Penso que o que Deus quer de nós é um coração bem--ordenado. Não um círculo com linhas divisórias, mas um coração cheio do seu amor, transbordando sobre a vida dos outros. Uma vida amando Deus de todo o coração, de toda a alma, de todo o entendimento e de todas as forças. Em consequência, um coração que ama as outras pessoas como amamos a nós mesmos. Um ritmo de vida que renova a vida de Deus em nós, que se permite erros e confusões, alegrias e impacto: vida que diagrama algum é capaz de conter.

Uma consideração final: parte da atração que sentimos pelo equilíbrio é culpa de Deus. Ele criou um mundo por demais maravilhoso. A ideia de que posso cultivar rosas... conduzir uma reunião em que surgem grandes ideias e estratégias... estudar a história da Europa... andar a cavalo... me perder nas palavras e na melodia de um poema... pensar seriamente em quais são as forças econômicas que influem na pobreza e tentar ajudar a mudar isso.... assar uma torta de banana e saborear cada bocado — existem maravilhas demais no mundo, tantas que não quero deixar passar nenhuma.

Uma vida só não é suficiente.

CAPÍTULO 8

Sapatos

O sal é uma coisa muito simples. Extraído da terra, evaporado do mar, jogado em pitadas sobre nossa comida. Quando o sal está no lugar que lhe é devido, não pensamos muito nele.

Imagine que você está jantando com bons amigos em seu restaurante favorito. A comida está esplêndida, e o lugar, aconchegante e convidativo. O melhor de tudo é a companhia de pessoas que você ama. Você conta histórias do passado, fica a par das novidades na vida dos amigos e sabe que depois de ir embora guardará a lembrança da noite como um tesouro por muito tempo.

Vamos introduzir, porém, um pequeno detalhe nessa história. Ao ser servido o jantar, embora estivesse bom, você achou que faltava sal. É bem provável que não tenha pensado muito a respeito antes de pegar o saleiro, talvez em meio a uma frase, e sacudi-lo sobre o prato.

De todas as lembranças que você virá a ter dessa noite, dificilmente alguma delas irá incluir o momento em que usou o saleiro. Talvez você se lembre de haver saboreado a comida depois disso e ter percebido uma melhora, mas com certeza não ficará registrado como um dos acontecimentos mais memoráveis do jantar.

Deus nos chama às vezes para fazermos grandes coisas para ele. Ele nos chama às vezes para deixarmos nossa zona de conforto, descermos do barco, enfrentarmos o desconhecido e realizamos coisas ousadas em seu nome. A Bíblia está cheia de histórias de pessoas que apresentaram graus variados de submissão quando Deus as chamou para atuar em momentos decisivos.

Às vezes, o Senhor nos pede apenas que sejamos sal.

A característica do sal é nunca ser o principal fator.

Ele não é um momento decisivo. Não é uma ocasião histórica ou de grandeza assombrosa. Mas é bom. Em especial, para quem é tocado por ele.

Ninguém vai a um restaurante e sai entusiasmado, aconselhando:

— Você precisa ir lá! Eles têm o sal mais incrível que eu já provei!

A Bíblia não nos fala muito sobre Maria, mãe de Jesus. Sabemos algumas coisas sobre sua genealogia e de onde era. Sabemos que estava noiva de um homem chamado José quando o anjo de Deus anunciou a concepção divina do Messias em seu útero. Informação demais para ser processada por uma jovem prometida em casamento.

As palavras usadas pelo anjo para explicar a Maria por que ela era a escolhida são bastante interessantes: "Você foi agraciada por Deus!" (Lucas 1.30).

Ele não disse: "Você será mãe do Messias porque Deus viu a megaigreja que você construiu, as centenas de pessoas que encaminhou a Deus, o negócio bem-sucedido que dirigiu e porque é bonita". Acho que ela encontrou favor com Deus pela maneira em que vivia. E tenho certeza de que devia ser uma vida bastante comum até então.

Impressionante! Naqueles dias, a vida da jovem Maria se restringiria quase só a afazeres domésticos, adoração e eventual entretenimento. Pelos atuais padrões de excelência e realizações, ela passaria despercebida.

Pelos padrões divinos, contudo, Maria foi agraciada. Acho que ela sabia o significado de ser sal.

No Sermão do Monte, Jesus proferiu algumas de suas primeiras palavras em público. Começou dedicando algum tempo à explicação de quem ele considerava "feliz". Uma relação surpreendente, até certo ponto. Jesus afirmou que os felizes eram os pobres em espírito, os que se sentiam tristes, os que mostravam misericórdia.

Gente comum.

Então, logo após essas palavras iniciais, ele disse: "[...] Vocês estão aqui para ser o sal que traz sabor divino à terra. Se perderem a capacidade de salgar, como as pessoas poderão sentir o tempero da vida dedicada a Deus? [...]" (Mateus 5.13, *A Mensagem*).[4]

Há, sim, ocasiões em que Deus faz coisas incríveis em nossa vida. Ocasiões em que ele nos pede para agirmos com ousadia em seu nome. Todos enfrentamos graves momentos de decisão na vida. Mas há muita vida comum entre esses momentos. Semanas, meses e anos de vida para honrarmos Deus e espelhá-lo para um mundo que nem sempre o vê com clareza — basta que sejamos sal.

Recentemente, ouvi a história de uma mulher chamada Sandra. Ela trabalha como voluntária na organização Project Homeless Connect, de ajuda a pessoas sem-teto. A organização foi criada pelo prefeito Garvin Newsom na cidade de São Francisco. A cada dois meses, em um grande centro de

---

[4] **São Paulo: Vida, 2011.**

convenções, a Project Homeless Connect oferece inúmeros serviços a quem passa por necessidades diversas. As pessoas podem receber cuidados médicos ou odontológicos, cartões de telefone gratuitos, conserto de óculos e de cadeiras de rodas, tíquete-refeição e serviço jurídico, para mencionar só alguns. Na primeira vez que o evento teve lugar, mais de 700 pessoas compareceram. Da última vez que o realizaram, mais de 2.400 estiveram lá.

O melhor de tudo isso é que os voluntários que se apresentam para servir chegam quase a igualar o número de beneficiados. Quando 2.400 sem-teto apareceram por lá, havia 2.100 voluntários presentes para ajudar. Quem chega ao centro de convenções, é recebido por um desses voluntários, que faz uma breve entrevista introdutória, a fim de direcionar a pessoa para os serviços de que mais necessite. A pessoa atendida recebe então um acompanhante pessoal até as diversas áreas de serviços. Não há como não se apaixonar pela dignidade com que é feito todo o trabalho ali.

Em uma apresentação em um culto de nossa igreja, Sandra nos falou de sua atividade nesse evento. Ela a desenvolve em um estande de tratamento dos pés. Ao chegar ali uma das pessoas encaminhadas, Sandra a acomoda em uma cadeira confortável. Retira-lhe os sapatos, se os estiver usando, e introduz seus pés cansados, inchados, enegrecidos e calejados em um recipiente com água morna, cheio até a borda de sais aromáticos e muita espuma. Lava, esfrega, raspa e massageia os pés do recepcionado. Espalha neles loção perfumada, ao mesmo tempo que lhe pergunta o nome e pede que conte um pouco de sua história. E, após receber todos esses cuidados na seção de Sandra, o atendido ainda vai embora, sempre levando um novo par de meias.

Grande parte do evangelho tem a ver com ser sal da terra, a fim de contribuirmos para o retorno de um povo que se desviou e se afastou de um Deus que nunca foi embora. Tem a ver com a correção desse relacionamento e a restauração do mundo, de sua condição de decaído para o caminho que lhe fora destinado. Reconciliação pode ter a ver, então, até com um par de meias.

No Project Homeless Connect, o sal às vezes toma a forma de serviços jurídicos ou odontológicos. Está tão real e presente nas meias quanto nos cupons de refeição. O cerne dessa reconciliação, o centro do qual tudo é irradiado em ondas, é Jesus. Sua vida, sua morte e ressurreição possibilitam tal reconciliação. Com base nelas, cada feito ou pensamento no sentido de restauração do ser humano faz parte da ação de reconciliação. Richard Foster escreveu que até o ato de colocar um porta-copo debaixo de uma bebida é um movimento no sentido de "arrumar o Éden". Adoro isso.

Pés não foram feitos para estar cansados, inchados ou enegrecidos. Toda vez que Sandra se curva sobre o recipiente com água morna, ela faz parte da reconciliação do mundo com Deus. É provável que seus atos jamais ganhem lugar de destaque na primeira página do jornal, mas não é preciso. Uma pitada de sal tem longo caminho a percorrer.

A luz é mais fácil de ser notada que o sal. Ser luz, como Jesus disse, significa estar no topo de uma montanha para que todos vejam. Tem a ver com penetrar a escuridão e apontar o caminho às pessoas. Se o sal é a vida comum espelhando a bondade de Deus, talvez a luz seja o momento decisivo que proclama Deus.

Houve um verão em que trabalhamos no projeto Axis em uma série de atividades por quatro semanas seguidas, chamada "S-21: Como viver uma fé autêntica no século XXI". Ao darmos os últimos retoques no planejamento da série, começamos a ansiar de verdade por ela, pois sabíamos que seria um período emocionante. Não fazíamos ideia da luz que haveria de vir.

Os palestrantes com que contávamos tinham todos cerca de 20 e poucos anos e viviam uma fé autêntica. Um deles, o cativante profeta Shane Claiborne, frágil como o junco e de cabelo rastafári, vivia entre os sem-teto, no velho e decadente centro da cidade de Filadélfia. Morava em uma comunidade de pessoas que viviam da fé, estabelecendo sólida amizade com os sem-teto, atuando como advogados nos tribunais, distribuindo comida, desenvolvendo acampamentos de arte de verão para as crianças do bairro e muito mais.

Shane contou sobre os acontecimentos que moldaram sua vida, desde alguns anos antes. Ainda jovem de 19, 20 anos, Shane disse ter sido "sacudido" ao ler as palavras de Jesus. Quase como se as visse pela primeira vez, sua reação foi:

— Isso é loucura! O que ele *realmente* quis dizer?

Examinando as palavras de Jesus, percebeu que Jesus falava mais de servir aos pobres do que de oração e do significado do novo nascimento *juntos*. Constatou que sua vida não refletia isso. Resolveu, assim, experimentar o que queria dizer seguir Jesus fazendo aquilo de que Jesus falava com tanta assiduidade. Chegou a bolar a ideia de passar algum tempo com Madre Teresa de Calcutá e inquiriu a todas as freiras que pôde em sua cidade natal se sabiam como entrar em contato com ela. A revelação provocou algum riso na plateia. Shane contou então que continuou sua busca até encontrar uma freira que, enfim, lhe deu uma resposta afirmativa. Munido de um número de telefone e dinheiro suficiente para pagar um telefonema internacional para Calcutá, ele ligou para lá. Quando alguém do outro lado da linha atendeu dizendo "Missionárias da Caridade", ele se pôs a falar de uma só vez o que queria. Anunciou que procurava Madre Teresa, e ouviu a voz calma responder:

— Aqui *é* Madre Teresa quem fala.

"Claro, e eu sou o papa!", Shane pensou, achando difícil acreditar que, depois de tanto tempo a procurá-la, ela mesma fosse atender o telefone. Concluiu, porém, que nada tinha a perder e explicou que gostaria de passar algum tempo trabalhando na comunidade. Madre Teresa simplesmente o convidou para ir a Calcutá.

Durante quase um ano, Shane viveu e trabalhou com as Missionárias da Caridade em Calcutá, na Índia. Ajudava-as no cuidado a doentes terminais, na cozinha e na distribuição de comida aos pobres.

Trabalhando lado a lado com Madre Teresa, Shane não pôde evitar de observar-lhe os pés deformados e retorcidos. Uma das irmãs percebeu para onde ele voltava o olhar a todo instante e explicou que, uma vez por ano, elas recebiam uma caixa de sapatos usados a serem distribuídos entre as irmãs. Assim que a caixa chegava, Madre Teresa escolhia para ela os sapatos mais gastos. Por conseguinte, seus pés pareciam com os dos sem-teto mais desamparados.

Tendo compartilhado conosco essa história, Shane abriu as Escrituras e defendeu o conceito da preocupação profunda de Deus para com os pobres.

Tanta conversa sobre cuidado com os pobres e tão poucas igrejas a refletir esse foco.

Ao ouvirmos Shane falar, nós, que encabeçávamos o Axis, descobrimos que tampouco o ministério por nós liderado estava alinhado com esse enfoque. Shane foi tão cativante no seu modo de proclamar a preocupação de Deus com os pobres e a nossa falha nesse sentido que, embora aplicasse um belo pontapé no traseiro espiritual de todos nós, deixou-nos hipnotizados por sua visão.

Nos últimos minutos de sua mensagem, citou relatos em que o coração de Jesus se comoveu em favor dos pobres e dos oprimidos. Em seguida, concluindo sua fala, disse:

— Antes de começarmos a cantar, quero que saibam que pensei muito em como encerrar minha participação aqui. Depois deste culto, pretendo ir até o centro da cidade, onde quero me encontrar com alguns sem-teto. Então, voltarei para cá e farei o culto da manhã de domingo do Axis. De início, pensei que talvez vocês pudessem preparar alguns sanduíches para eu levar e distribuir no centro. Mas então me lembrei dos pés de Madre Teresa e dos pés de muitos sem-teto que conheço. Eles necessitam muito de sapatos e meias. A rua cobra um preço terrível dos pés deles. Por isso, achei que, enquanto começamos a adorar, aqueles de vocês que sentirem vontade podem tirar os sapatos e empilhá-los no fundo do salão que eu os levarei para os sem-teto esta noite.

Não tenho certeza de que as pessoas entenderam muito bem o que Shane dissera, de modo que Daniel, membro da equipe do Axis, esclareceu para nossa plateia:

— Shane não está pedindo que vocês voltem para casa e na semana que vem tragam um par de sapatos para doar. Não. Ele está dizendo que façam isso *agora*.

Daniel continuou explicando; não se deteve na palavra "agora". Mas eu, sim.

Jamais me esquecerei do momento seguinte, enquanto viver. Bastou Daniel dizer *agora* para todo mundo ali "cair na real". Auditório afora ouviu-se o som de sapatos e sandálias sendo retirados dos pés.

Agora e aquele som.

Isaías 6 oferece um maravilhoso olhar de relance do que é estar na presença de Deus. O profeta vê o Senhor em toda a sua santidade e bondade e percebe a enorme discrepância entre a pureza de Deus e sua própria sujeira. Reage confessando seu pecado e atendendo na mesma hora o chamado de Deus: "Aqui estou. Envia-me!".

Vivemos um momento de Isaías 6 no Axis, aquela noite. Estávamos sendo convidados a atender Deus naquele exato momento. Não mais tarde, não no dia ou na semana seguinte. Naquele exato instante. Às vezes, não há problema atender no dia seguinte ou na próxima semana. Aquela noite, no entanto, não era uma dessas vezes.

Durante uns vinte minutos que se seguiram, enquanto a banda executava músicas de louvor, fomos cantando, retirando os sapatos e construindo um verdadeiro altar no fundo do salão. Feito de 120 pares de sapatos e um número um pouco menor de pares de meias. Gostaria que você estivesse lá. Vivemos todos determinadas ocasiões incríveis em nossa vida, que nunca se traduzem tão bem quando se conta a história como ao experimentá-las naquele mesmo instante em que acontecem. Havia uma sensação perceptível no auditório de que aquele era um momento decisivo. Aquela noite, nossa adoração a Deus não consistiu só em palavras formadas em nossa boca, mas no descalçar dos nossos sapatos.

Aqui estou. Envia-me. Ou, pelo menos, leva, envia, os meus calçados.

Enquanto saíam todos de seus lugares para doar os sapatos, fui para o fundo do salão. Queria gravar aquela imagem toda em minha mente; por isso, fiquei a observá-los afluindo, cada qual com sua contribuição, para o novo altar. Um rapaz em especial chamou minha atenção. Joe era um dos nossos líderes de grupo no Axis, e eu o conhecia bastante bem. A maioria dos que atravessavam os corredores até o fundo levava os sapatos na mão. Ele, no entanto, ainda calçava os seus e passou quase o tempo todo da adoração caminhando em volta da pilha, cada vez maior. Enfim, na hora em que a música terminou e a bênção apostólica estava sendo proferida, ele tirou os sapatos e os atirou na pilha.

Pouco depois do culto, eu o vi e lhe indaguei sobre o que havia acontecido.

— Fiquei muito entusiasmado esta noite com tudo que Shane disse — ele respondeu. — Suas palavras me pegaram durante toda a mensagem. Até chegar a parte dos sapatos. Comprei um par de botas de caubói esta semana, feitas de couro de cobra, por 250 dólares. (Bem, por que ele comprou um par de botas de couro de cobra de 250 dólares é outra história. Uma história que não faz parte deste livro.)

— Fiquei sentado e, enquanto todo mundo à minha volta se levantava descalço para depositar os sapatos na pilha, travei uma conversa silenciosa com Deus. "O senhor não podia ter arranjado para que isso acontecesse no culto da semana passada, quando eu estava usando sandálias de dedo? Precisava esperar eu comprar os calçados mais caros que já tive em minha vida?" Fiquei muito bravo com Deus, mas continuei cantando, para que ninguém percebesse nada.

— No fim — ele prosseguiu —, achei que pelo menos tinha de chegar perto da pilha. Por isso, comecei a circular em volta dela o tempo todo, enquanto mantinha uma discussão bastante acalorada com Deus, dizendo a ele que não iria tirar de jeito nenhum as minhas botas.

— E o que o fez mudar de ideia? — eu quis saber.

— Para ser franco, ali entre a terceira e quarta voltas ao redor da pilha, uma imagem surgiu feito um relâmpago em minha mente. Vi um sem-teto no centro histórico da cidade usando botas de couro de cobra de 250 dólares e comecei a achar graça, a balançar a cabeça e rir. Nesse momento, as botas se soltaram dos meus pés com a maior facilidade.

Aquela luz cegava. Penetrava fundo no recesso escuro do nosso coração, a princípio levando-nos a entrecerrar os olhos por causa da dor; mas então, à medida que relaxávamos e nos ajustávamos a ela, inundava-nos e nos transformava.

No final do culto, a pilha crescera a proporções realmente semelhantes às de um altar, e a repercussão de tudo o que acontecera estava apenas começando. Uma parte dos frequentadores do Axis era composta de casais jovens, alguns com filhos pequenos. Quando foram pegar os filhos, depois do culto, ouviram deles a pergunta óbvia:

— Ei, mãe, pai, cadê seus sapatos?

Assim, minutos após o encerramento do culto de sábado à noite do Axis, mães e pais trouxeram os filhos ao salão para ver a pilha de sapatos e contar a história. Muitos se ajoelharam para orar e acrescentaram à pilha pares de pequenos sapatos de borracha infantis.

Logo depois do culto, Shane e outras 60 pessoas do Axis se apertaram dentro de *vans* e passaram o resto da noite distribuindo nossos sapatos na cidade. Teve quem levasse as meias para casa, para lavá-las, indo encontrar o grupo da distribuição no centro da cidade, mais tarde, naquela mesma noite. Quem esteve lá disse ter vivido uma experiência bastante profunda.

No dia seguinte, em nosso culto da manhã de domingo, Shane fez tudo de novo. Centenas de sapatos foram empilhados no fundo do salão e mais tarde distribuídos no centro da cidade. Quando o culto acabou, muita gente teve de correr para o carro, a fim de evitar que os pés nus se queimassem no asfalto, que estava escaldante. Um casal de idade, que havia assistido a outro culto, viu a cena incomum em que pessoas saíam da igreja descalças. O marido comentou ríspido com a esposa a falta de decoro no comportamento que testemunhavam. Aproximou o carro de um grupo e abriu sua janela. Mas, antes que tivesse chance de perguntar o que estava acontecendo, uma jovem radiante se curvou ao lado do carro e se pôs a narrar a incrível história. Afastou-se tão depressa quanto aparecera, mas, quando o fez, os olhos do homem estavam cheios de lágrimas. Envergonhado de sua reação crítica inicial, disse à esposa que eles também doariam seus sapatos.

A pilha de sapatos foi um ponto decisivo no Axis — para cada frequentador e para nós da equipe ministerial. Tomamos profunda consciência de nossa culpa pela discrepância entre o enfoque de Jesus sobre os pobres e o nosso. Tivemos longas e sérias discussões sobre como transformar aquele fim de semana em um estilo de vida constante. Começamos criando equipes de trabalho para atuar nos fins de semana, em um sistema de rodízio, com organizações como Habitat for Humanity, Bethel New Life (para famílias sem-teto habitando em alojamentos provisórios), Feed a Neighbor (que serve refeições nos fins de semana para os sem-teto do decadente centro da cidade) e Youth Detention Facilities (que atua em prisões juvenis). Uma dessas equipes sairia todo fim de semana antes do culto do sábado. Todos os nossos grupos locais foram convidados a participar de uma dessas equipes pelo menos uma vez a cada quinze dias.

No Axis, os sapatos se converteram na luz que chamou nossa atenção e nos mostrou para onde Jesus estava olhando. A participação no serviço aos pobres se tornou a marca registrada do nosso ministério. E o mais impressionante é que enquanto servíamos aos pobres éramos transformados.

Isso é luz para você.

CAPÍTULO 9

Será que podemos parar de falar assim?

Às vezes, quando ouço cristãos conversarem, encolho-me toda. Minha vontade é gritar: "Não! Eu *não* penso assim. Por favor, *parem* de falar por mim!". A maneira de falarmos tem importância, e o que dizemos reflete aquilo em que acreditamos. Acho que de vez em quando soamos como incrivelmente tolos.

Não muito tempo atrás, eu me vi em um grupo de pessoas sem vínculo algum com qualquer tipo de igreja. Éramos seis, todas do mesmo bairro, que nos encontráramos, por acaso, do lado de fora de um restaurante. Paramos por alguns instantes e tivemos uma conversa agradável.

Até que, quando eu já estava indo embora, uma das mulheres comentou:

— Custei a acreditar na vaga de estacionamento que encontrei neste *shopping* tão cheio. Deus responde mesmo às orações!

Ela falava sério.

Senti-me mortificada.

Depois que ela se afastou, um homem me perguntou:

— Ela estava falando sério?

Ao que outro respondeu:

— Oh, sim, ela é *cris-tã.*

Assim mesmo, fazendo questão de frisar cada sílaba. Após uma rodada de risos de escárnio e gestos afetados para salientar o absurdo da situação, o grupo se dispersou.

Algum prejuízo?

Muito provavelmente.

Como alguém fala em Deus dessa maneira sem causar impacto negativo? Imagino (e aqui devo admitir que estou especulando e que posso muito bem estar pecando feio) que essa mulher mais tarde contou a seu grupo de estudo bíblico a oportunidade que tivera de "testemunhar" para os seus conhecidos incrédulos. É provável que tenha falado de sua ousadia e de como defendera sua fé em Deus.

Gostaria de saber se Deus também se encolhe todo.

Falamos de Deus como se fosse um pequeno gênio da lâmpada, a nos seguir por todo lado para conceder três desejos por dia. Não falamos em nos relacionar com ele, tampouco em conhecê-lo, ou de nossos esforços e dúvidas, de nossa luta e dor. Em vez disso, contamos histórias de vagas em estacionamento que surgem como que por mágica — e curas e milagres, bem-estar e conforto, bênçãos e respostas.

Às vezes, somos, bem, somos insensatos. Não admitimos o trabalho que a fé presume. Não reconhecemos a luta incrível que muitos travam a cada dia. Preferimos gravitar ao redor de respostas fáceis, convenientes, ingênuas.

Conheço uma mulher de 40 e poucos anos que sofreu um enfarte grave e inesperado. Aconteceu do nada, quando participava de uma reunião. Estava falando e, de repente, começou a lutar com as palavras. Saíram indistintas a princípio, depois desapareceram e ela despencou no chão. Quase um mês se passou sem que recuperasse a consciência.

Nesse período, seus amigos e família oraram e esperaram cheios de confiança. Quando ela saiu do coma, chamaram isso de milagre. Talvez fosse.

Fui visitá-la no hospital e só sei que, se *aquilo* era um milagre, Deus poderia ter feito coisa bem melhor. A mulher nunca mais será a mesma. É evidente que sua capacidade intelectual está reduzida. Tem uma consciência funcional, mas muito vaga, daqueles a seu redor. Seu corpo não responde ao que a mente lhe ordena fazer.

Os amigos cristãos bateram palmas e agradeceram a Deus muito entusiasmados quando ela acordou. Falaram-lhe da boa sorte que tivera e então voltaram cada qual para sua casa.

Para que um milagre faça sentido, precisamos usar essa palavra apenas quando isso de fato fizer sentido. Não para que nos sintamos melhor em relação a Deus. Ele não precisa desse tipo de pressão.

Em geral, as palavras que escolhemos sugerem que Deus trabalha só para nós. Nós o embrulhamos em vermelho ou azul e reivindicamos seu apoio para o nosso lado político. Entrelaçamos Deus e nossa posição política com tanta força que não vemos mais onde acaba uma e começa o outro. Quando nossas opiniões nessa área são confirmadas por uma eleição ou um projeto de lei aprovado, decretamos vitória para Deus; quando nada disso acontece, declaramo-nos perseguidos e prometemos continuar lutando. Não perdemos nunca. Mas Deus talvez perca.

— Você sabe que Deus nunca dará provação maior do que você é capaz de suportar.

Ouço isso com mais frequência do que seria de esperar, mas nunca em uma situação mais digna de nota do que quando um cristão bem-intencionado (dou a este o benefício da dúvida para compensar o pecado manifesto que acho que cometi antes) dirige essas palavras, por exemplo, a pais que choram a morte de um filho. Considero ofensivo que essa pessoa possa ser tão superficial. Sinto-me ofendida não só porque a declaração *não* descreve Deus com precisão, como também é teologicamente falha.

Ficaria ofendida com essa declaração também caso fosse dita no contexto da perda de um emprego ou de uma vaga de estacionamento não encontrada. Para início de conversa, o versículo de que é derivada, 1Coríntios 10.13, fala em tentação, não em provação ou sofrimento. Além disso, a ideia que se quer propor é que, como seguidores de Cristo, somos protegidos de doses pesadas de dificuldade. Isso não é verdade. Essa ideia dá a impressão de que as pessoas que enfrentam circunstâncias difíceis perderam o escudo protetor.

Que Deus, por favor, proteja-me desse tipo de amor.

Claro que enfrentamos dificuldades na vida. Insuportáveis, impensáveis, inexplicáveis.

O poder e a presença de Deus, é certo, vêm ao nosso encontro em meio a tudo isso. As circunstâncias difíceis, no entanto, exigem de nós grande quantidade de coragem e fé, que só costuma surgir depois que a pedimos, buscamos, lutamos e esperamos junto a Deus. Não como resultado de uma simples frase displicente, acomodada, insensata e imprecisa.

A maneira de falar tem importância. Temos de pensar profundamente nas implicações teológicas do que estamos dizendo e lembrar que Deus não é mera ferramenta útil para servir de apoio à nossa posição política ou às nossas crenças pessoais. Ele não é um fantoche em nossas mãos. Não é o gênio da lâmpada do estacionamento. Não consola pais enlutados dizendo-lhes saber que são capazes de suportar a situação.

Deus é o centro poderoso.

Por nossa alma e pelas dos outros, vale a pena pensar antes de falar.

A conversa tem importância. Nossa maneira de falar e o que dizemos pintam uma imagem de Deus em nosso próprio coração e em nossa própria mente. As palavras que proferimos não só parecem representar nossa teologia, como também são capazes de moldá-la. O que dizemos e como o fazemos entram pelos ouvidos, incendeiam os neurônios e depositam os conceitos que temos de Deus em nosso cérebro.

A teologia não se constitui apenas de pensamentos ou ideias acerca de Deus — é o que brota dos nossos lábios, como resultado dessas coisas. A maneira de falar de Deus é moldada pela visão que temos dele — e observar essa maneira pode nos ajudar a conferir qual é nossa teologia.

Buscar Deus quase sempre significa envolvimento e luta. Isso nos põe em excelente companhia, ao lado de Jacó e Moisés, de Noemi e Pedro. Precisamos nos sentir à vontade para falar de tensões e ambiguidades — sabendo que ter fé não significa saber todas as respostas. Necessitamos manter conversas autênticas, que reflitam nossa compreensão limitada.

Uma narrativa autêntica pode vir após anos de luta, quando então podemos empacotar tudo, colocando um belo laço em cima, e apresentar a luta junto com a determinação. Todavia, temos de abrir espaço também para as palavras que emergem em meio à luta, quando ainda não divisamos determinação alguma no horizonte.

A maioria das pessoas que está em busca de Deus se pergunta se é possível ter fé quando temos dúvida.

A isso deveria se seguir um sonoro e peremptório *sim*.

CAPÍTULO 10
Jesus

Tive uma discussão interessante com um amigo um dia desses. Conversávamos sobre um conhecido mútuo, um senhor mais velho, que nós dois admiramos. Depois de exaltar suas virtudes por algum tempo, comentei:

— Bom, eu sei por que gosto dele. E você sabe?

A resposta dele foi rápida:

— Porque ele me lembra muito Jesus.

Meu amigo disse isso em tom quase surpreso em ser óbvio, como se presumisse que eu compartilhava do mesmo motivo. Não era o caso.

— Bem, gosto dele, mas não por que me lembre Jesus. Por que lembra, para você? — indaguei.

— Por ser sempre muito agradável e gentil.

Não pude deixar de pensar depois no que ele havia dito sobre Jesus. Seria mesmo Jesus tão agradável e gentil assim? Peguei minha Bíblia e um pedaço de papel. Desenhei uma linha no meio e fui passando cada um dos Evangelhos — Mateus, Marcos, Lucas e João. Cada vez que encontrava Jesus dizendo alguma coisa agradável e gentil, eu ticava um sinal do lado esquerdo do papel. Cada vez que ele dizia alguma coisa que me fazia recuar — como, por exemplo, "Não é certo tirar o pão dos filhos e lançá-lo aos cachorrinhos" (Mateus 15.26) —, eu ticava do lado direito.

Você por acaso tem ideia de qual o lado do papel que se encheu primeiro?

Jesus era muita coisa. Agradável e gentil, porém, não são duas delas.

Jesus era um momento decisivo ambulante.

Um verdadeiro mecanismo de catalisação.

Sua interação com homens e mulheres raramente os deixava inteiramente inalterados. Fazia estremecer a vida das pessoas e abalava ideias errôneas acerca de Deus. Tornava heróis as pessoas mais improváveis e desafiava estilos de vida e de pensar. Não concluía suas conversas com um "Você está certo nesse seu jeito de ser; não mude nunca, viu? Bem, vamos almoçar".

Queremos que ele seja agradável e gentil porque esse tipo de Jesus não exigiria nada de nós. Mas aí é que está o problema. Não é esse o Jesus dos Evangelhos.

Infelizmente, a maioria de nós que segue Jesus há muito tempo tende a pensar nele como se pensa em *tofu*. Não gostamos, na verdade, do sabor que esse queijo natural de soja tem, mas o ingerimos por sabermos que nos faz bem.

O fato, porém, é que Jesus não tem nada a ver com *tofu*. Está mais para bala Warhead.*[5] Para quem não a conhece,

---

* Bala criada em Taiwan (ou Formosa) e que se tornou popular nos Estados Unidos. Produzida com ácido málico, é inicialmente doce, mas logo se torna acre ao paladar. A marca Warhead significa "ogiva", e sua propaganda explora uma fantasiosa comparação do inesperado ataque de um artefato de guerra dotado de ogiva ao seu efeito no paladar. [N. do R.]

5 Há alguns anos, Don Everts fez uma palestra especial para nós no projeto Axis. Ele é autor de um pequeno livro intitulado **Jesus with Dirty Feet** [Jesus de pés sujos], no qual os Evangelhos ganham vida, à medida que um Jesus resoluto, de carne e osso, parece saltar de suas páginas. Em sua palestra, Don

pense em uma bala refrescante que tenha tomado um esteroide. No instante em que você a coloca na boca, seu corpo inteiro reage, forçando-o a decidir se vai aguentar firme ou cuspi-la fora.

Semelhantemente a esse confeito agridoce, o verdadeiro Jesus me sacode para que eu desperte e veja que Deus quer para mim algo muito mais maravilhoso do que aquilo com que estou disposto a me resignar em nome de uma acomodada religião, falsamente doce e meiga, gentil e agradável.

Em Isaías 29.13, Deus reclama justamente do seu povo, dizendo: "Esse povo se aproxima de mim com a boca e me honra com os lábios, mas o seu coração está longe de mim. A adoração que me prestam é feita só de regras ensinadas por homens". Então, no versículo 14, ele já dá a solução para o problema: "Por isso uma vez mais deixarei atônito esse povo com maravilha e mais maravilha [...]".

Maravilha.

Eis a receita divina para nos curar de uma religião de normas. Acho que deixamos de perceber a maravilha que é Jesus por nos acostumarmos tanto a ouvir as histórias que não percebemos o que é surpreendente ou fora do comum nelas. Jesus veio para tudo sacudir. Para surpreender as pessoas. Deixou as multidões de queixo caído. Encheu de sinais de ticar o lado direito da página.

Em Lucas 10, um perito na Lei veio conversar com Jesus. Na verdade, está escrito que ele queria era *pôr Jesus à prova.* Isso faz a diferença. "Mestre, o que preciso fazer para herdar a vida eterna?", ele perguntou.

---

usou a ilustração das balas Warhead para explicar a mesma coisa sobre a intensidade e o poder de Jesus.

Parece uma pergunta legítima de fazer ao Mestre. Como costumava agir, ao notar que a indagação não era só indagação, Jesus respondeu com outra pergunta.

"O que está escrito na Lei?" "Como você a lê?"

O perito respondeu que, em sua opinião, tudo se resumia a amar a Deus e o próximo como a si mesmo. Devia ter lido isso em algum lugar.

Jesus concordou com ele. Mas o homem se sentiu incomodado, e o texto afirma que ele continuou falando, porque queria se justificar:

"E quem é o meu próximo?" Seria como se o perito na Lei dissesse: "Se a segunda metade do mandamento é amar *as pessoas*, o senhor poderia definir o que são *pessoas*, para mim?".

Jesus percebeu que o cidadão, na verdade, queria era uma lista de todas as coisas que podia ou não fazer para herdar a vida eterna. Ou seja, estava querendo uma via de escape; e iria embora se sentindo justificado se por *pessoas* Jesus quisesse dizer *certas pessoas*.

Assim, Jesus resolveu contar uma história, que não incluía lista alguma, mas, sim, mostrava um estilo de vida espontâneo, sem fronteiras de amor, ilimitado e irrestrito por todas as pessoas.

> "[...] Um homem descia de Jerusalém para Jericó, quando caiu nas mãos de assaltantes. Estes lhe tiraram as roupas, espancaram-no e se foram, deixando-o quase morto.
>
> Aconteceu estar descendo pela mesma estrada um sacerdote. Quando viu o homem, passou pelo outro lado. E assim também um levita; quando chegou ao lugar e o viu, passou pelo outro lado." (Lucas 10.30-32)

Os dois que passaram por aquele caminho estreito eram homens religiosos, que ocupavam cargos de responsabilidade no templo. Enquanto Jesus contava a história, o perito na Lei deve ter começado a sentir certo alívio. Um homem judeu, um sacerdote, um levita. Sim, esses homens já constavam de sua lista. Era capaz de amá-los. Sem problemas. Ele tinha dado a resposta certa.

Contudo, espere... Jesus tinha dito algo que então despertou a atenção do perito. O sacerdote e o levita passaram *pelo outro lado* de onde estava o homem caído?

Pelo outro lado?

Não pararam para ajudar?

Será que ouvira direito? O que estava acontecendo? Aqueles respeitados dirigentes do templo citados não só não pararam, como ambos passaram *pelo outro lado*.

O perito de repente se sentiu confuso. Como poderiam ter passado pelo outro lado da estrada para Jericó? Não havia *lá* "outro lado". A estrada era estreita, não uma grande avenida. Todo mundo sabia disso.

Onde Jesus queria chegar com aquilo? Seria ele uma espécie de O. Henry[6] judeu? A essa altura, o perito na Lei provavelmente começava a se sentir sufocado pelo colarinho. Devia estar remexendo os pés sem parar, muito nervoso. "Passaram pelo outro lado? Será que ele disse isso mesmo?"

"Mas um samaritano..."

---

6 O. Henry, pseudônimo de William Sidney Porter (1862-1910), um dos mais prolíficos escritores de contos norte-americanos, mestre em retratar o povo comum de New York e em finais inesperados, em suas histórias. [N. do T.]

"Como? Um *samaritano*?" Epa. Aposto que o perito já estava arrependido de ter iniciado a conversa e ansioso por agradecer a Jesus pelo tempo dispensado e se despedir gentilmente, acabando logo com aquilo.

> "Mas um samaritano, estando de viagem, chegou onde se encontrava o homem e, quando o viu, teve piedade dele. Aproximou-se, enfaixou-lhe as feridas, derramando nelas vinho e óleo. Depois colocou-o sobre o seu próprio animal, levou-o para uma hospedaria e cuidou dele.
>
> No dia seguinte, deu dois denários ao hospedeiro e lhe disse: 'Cuide dele. Quando eu voltar lhe pagarei todas as despesas que você tiver'." (v. 33-35)

Na história, o samaritano, tão insultado pelos judeus, objeto de tanto desprezo e preconceito racial, foi quem parou. E antes mesmo de parar, contou Jesus, o samaritano teve compaixão do judeu vítima do espancamento.

O samaritano parou. Aproximou-se do homem. Enfaixou--lhe as feridas e verteu óleo e vinho sobre elas para aliviá-las e desinfetá-las.

Ergueu o homem, colocou-o no lombo do seu jumento e com ele percorreu a mesma estrada deserta, estreita, em que os bandidos que haviam atacado a vítima podiam continuar à espreita.

Levou-o a uma estalagem vizinha e cuidou dele. Pagou do próprio bolso para que o dono da hospedaria desse atenção à vítima. E prometeu voltar e pagar o restante que não tivesse sido coberto pela quantia inicial.

Uau.

Essa doeu.

Ao narrar sua história, Jesus capricha em descrever o herói. Aquele que, *por acaso*, era samaritano. Embora o relato já quase fale por si, Jesus não pôde deixar de indagar ao seu interlocutor. "Qual destes três você acha que foi o próximo do homem que caiu nas mãos dos assaltantes?".

O perito na Lei desejava uma lista — uma relação de pessoas que teria de amar para alcançar a justiça pelo próprio esforço. Em vez disso, Jesus pinta um quadro para lhe mostrar quem era seu próximo.

No fim da história, o perito não teve alternativa senão dar a resposta esperada à pergunta de Jesus: "Aquele que teve misericórdia dele".

Ao que Jesus recomendou: "Vá e faça o mesmo".

Não, definitivamente, Jesus não tem nada a ver com *tofu*.

CAPÍTULO 11

Poderia, deveria, faria

Antes de me mudar com a família para Chicago, trabalhei, em regime de meio expediente, em uma empresa de assistência domiciliar de saúde em Los Angeles. Visitava pacientes em casa o tempo todo, certificando-me de que passavam bem e de que nossos enfermeiros e assistentes lhes estavam oferecendo o cuidado adequado. Cobríamos uma área extensa de Los Angeles, de modo que em um mesmo dia de trabalho eu podia visitar uma mansão multimilionária, uma casa de classe média ou um apartamento conjugado caindo aos pedaços. Todavia, embora esses lugares fossem muito diferentes por fora, o que havia por trás das portas era sempre o mesmo: gente em condições físicas frágeis o suficiente para ter sua vida transformada radicalmente.

Em uma tarde de terça-feira, deixei o escritório com minhas pastas na mão e fui para Baldwin Park. O endereço a que me dirigia ficava em um bairro de baixo poder aquisitivo, onde a maior parte das casas estava quase em ruínas, de maneira que fiquei surpresa ao estacionar junto a uma construção simples, humilde, modesta, porém bem cuidada, com um pequeno mas lindo jardim na frente. Fiquei dentro do carro alguns instantes, relendo minha ficha para me inteirar da situação, antes de entrar. A família emigrara do México fazia pouco tempo, de modo que não devia contar com quase nenhum apoio, em termos de parentes ou amigos de longa data. Viviam ali o marido, a esposa e dois meninos pequenos, de 7 e 3 anos. O de 7 anos fora diagnosticado, cerca de dois anos antes, como portador de adrenoleucodistrofia (tema do filme *O óleo de Lorenzo*).

É um mal genético e fatal.

A mãe atendeu-me à porta e convidou-me a entrar na sala, onde seu filho de 7 anos ocupava o sofá. Muito magrinho, usava fralda e tinha uma sonda de alimentação no nariz. Mantinha o corpo esquelético contraído em posição fetal. Era incapaz de se comunicar, a não ser por um gemido fraco, que emitia com frequência. Em um inglês truncado, a mãe me relatou a suspeita do médico de que àquela altura o menino estivesse cego e surdo. O tato era o último meio de comunicação com ele de que ela ainda dispunha.

Uma coisa é trabalhar com paciente adulto, e outra, muito diferente, é com criança. A visão daquele menininho em seu sofá-leito abalou meu comportamento por um instante. A mãe me ofereceu uma xícara de chá. Enquanto o outro filho, de 3 anos, brincava aos nossos pés, sentamo-nos à mesa da cozinha para conversar.

Em meu espanhol muito limitado, perguntei a ela sobre o tratamento e os cuidados que o filho vinha recebendo. Levou--me a um armário de cozinha para mostrar os remédios que ele tomava. Percebi que, além dos vários frascos de remédio, as prateleiras estavam praticamente vazias de alimento. Era uma situação desalentadora: pouca mobília na casa, pouquíssima comida. Meu coração apertou por aquela mãe, nova no país, contando com escassos recursos, tendo de cuidar de um filho pequeno portador de uma enfermidade terminal. Eu não conseguia nem imaginar como poderia ser sua vida.

Perguntei se tinha amigos capazes de lhe oferecer alguma ajuda adicional. Muito calma, ela respondeu que conhecia poucas pessoas e que nenhuma delas tinha condição de ajudá-la nos complicados cuidados a seu filho. O seguro de saúde deles cobria apenas oito horas de serviço de enfermagem por semana, divididas em dois turnos de quatro horas. Indaguei-lhe da disponibilidade do seu marido em ajudar, e ela ficou muda. Como o silêncio custasse a se converter em resposta, repeti a pergunta.

Hesitante, ela me contou que o marido a deixara fazia três semanas. Fiquei confusa, achando que a entendera mal.

— Está dizendo que ele precisou sair da cidade? — tentei esclarecer.

Não, explicou ela, o marido a abandonara. Disse que não queria continuar casado com ela.

Três semanas antes, tinham levado juntos o filho à consulta médica. Considerando seu quadro clínico, essas consultas nunca eram fáceis. Aquela, no entanto, fora a mais difícil de todas. O médico anunciara que, tanto quanto podia prever, seu filho tinha somente cerca de seis semanas de vida.

No máximo.

A notícia não os surpreendeu; apenas os lembrou de novo quanto era triste o mundo em que viviam.

O médico então acrescentou que gostaria de conversar com eles sobre outra coisa. Acabara de receber o resultado do teste de DNA do filho menor. O menino de 3 anos também portava o gene para adrenoleucodistrofia. Era provável que manifestasse os primeiros sintomas da doença no próximo ano.

Aquilo foi mais do que a mãe podia suportar, e ela chorou. Foi mais do que o pai podia suportar, e ele resolveu ir embora.

Agora, a mulher estava praticamente só para cuidar do filho de 7 anos no estágio final da doença que lhe roubara todo o sentido de ser uma pessoa. Dava-lhe banho e trocava-lhe a fralda, cantava e embalava esse seu filho. Então, um dia, nas próximas semanas, ela o levantaria nos braços do sofá que lhe servira de leito no último ano e o depositaria em um caixão.

A seguir, ergueria o filho de 3 anos do chão em que brincava e faria para ele um leito sobre o sofá. Durante alguns anos, lhe daria banho e trocaria a fralda, cantaria e embalaria esse segundo filho. Então, um dia...

Para mim, a história toda parecia um pesadelo que se desdobrava. Para aquela mãe, cheia de esperança e sonhos para seus meninos, devia ser como acordar e descobrir que sua vida era um pesadelo de verdade. Uma situação absurda: a doença, o marido, a doença de novo.

Solidão completa e absoluta.

Quem me conhece sabe que não sou demasiado emotiva. Pelo indicador de personalidade Myers-Briggs, minha tendência é de pender mais para "razão" que para "emoção". Quando confrontada com situações difíceis, o instinto me leva a assumir um esquema de ação. No entanto, ao tentar absorver toda a realidade do mundo daquela mulher, fiquei sem reação. A única coisa que soube experimentar foi tristeza e dor esmagadoras.

Como enfermeira de assistência domiciliar, eu já havia testemunhado uma quantidade de situações desesperadoras.

Nunca, porém, encontrara nada parecido. Senti-me confusa, atordoada, sem saber o que fazer.

Olhei de relance para o menino no sofá enquanto a enormidade de tudo aquilo calava dentro de mim e tive a vívida sensação de que precisava encerrar a visita e ir embora logo dali. Era como se uma força motriz me empurrasse para fora, para longe da tragédia inaceitável.

Terminei a conversa da maneira mais profissional que pude. Avisei-a de que entraria em contato com a enfermeira encarregada do seu caso e agradeci o chá. Disse que ela estava fazendo um bom trabalho cuidando do filho doente. A mulher sorriu. Passei a mão pelo cabelo do menino de 3 anos que continuava brincando no chão e fui para o carro.

Liguei o motor e dobrei a primeira esquina praticamente no piloto automático, só para sair do campo de visão da casa. Estacionei junto ao meio-fio, desliguei o motor e permaneci onde estava. Pouco a pouco, as lágrimas me vieram. Não foram soluços, embora fosse compreensível que se fizessem presentes. Só lágrimas e uma profunda dor no peito.

Minutos depois, meu lado "razão" entrou em ação. Enxuguei o rosto com o dorso da mão. Remexi minhas pastas, à procura de um papel em branco. Comecei a escrever. Ocorriam-me ideias. Podia ajudar. Outros também podiam, e muita gente que eu conhecia se mostraria mais que disposta a fazê-lo. Apesar das lágrimas, eu sabia que muito podia ser realizado para fazer diferença naquelas vidas. Em pensamento, começava a conectar Deus à situação. Podia ajudar a mulher a dividir a carga que assumira sozinha. Havia tanto para ser feito. Antes que me desse conta, enchera o papel de ideias como serviço de babá, preparo de refeições, vales-brindes de supermercados e lojas de "conveniências", limpeza da casa, jardinagem. Nada capaz de levar embora a dor de perder dois filhos, mas uma ajuda que talvez aliviasse parte das dificuldades.

Senti-me ótima estabelecendo conexões entre compaixão e ação. A presença de Deus no mundo, diante de tanta dor, *tem de* significar alguma coisa. Eu poderia ser uma força poderosa na escuridão que envolvia o mundo daquela mãe. A dor profunda em meu peito começou a diminuir um pouco à medida que enchia de anotações o papel. Se havia algo em que eu sabia ser eficiente era na mobilização de gente para aderir a uma causa. E sem sombra de dúvida aquela era uma boa causa, de modo que me enchi de esperança, imaginando o povo de Deus em ação na vida da mulher.

Agora, antes de continuar, quero pedir a você uma coisa muito importante.

De tudo que escrevi no pedaço de papel, qual você acredita que tenha sido a primeira coisa que realizei? Eram todas grandes ideias, todas capazes de ajudar a mulher e seus filhos. Todavia, acho que é importante por onde começarmos. Daí a minha pergunta.

Vamos lá, arrisque um palpite.

O que realizei antes de qualquer outra coisa?

Às vezes, conto essa história quando estou falando a um grupo de pessoas e, nesse ponto, quando lanço a pergunta, alguém grita:

— Oração!

Excelente resposta.

Gostaria que tivesse sido dada por mim.

Não, não comecei por oração, embora goste de considerar que o tempo que passei escrevendo com fúria no papel e conversando com Deus possa se qualificar como de oração.

Se não foi oração, o que você acha que fiz primeiro?

Vou dizer. Não fiz nada.

Nada mesmo. Não que não tenha feito nada na hora mas depois tenha posto mãos à obra. Não. Não fiz nada *mesmo*.

Nunca.

Meio decepcionante ser esse o ponto alto da história, chocante até, não acha? Eu não ficaria surpresa se agora você se perguntasse por que ainda está lendo este livro. Nem ficaria chocada se começasse a procurar a nota de compra da livraria — desde que as páginas não estejam dobradas, é provável que ainda aceitem uma troca ou devolução.

Não me orgulho de modo algum da forma com que agi. Mas conto isso porque talvez, só talvez, você se reconheça na minha história. Talvez tenha havido uma ocasião na sua vida em que você identificou uma necessidade, sentiu-se profundamente afetado por ela e *teve a intenção* de fazer alguma coisa.

Nossas intenções são maravilhosas. São pontos de partida, momentos decisivos em nossa jornada. Mas, em si mesmas e por si mesmas, são completamente inadequadas.

Ao seguidor de Cristo é fácil confundir intenção com ação, e inspiração, com solução. Às vezes, considero-me um ser humano extraordinário só porque detesto a injustiça, não aprecio sofrimentos ou sinto as dores dos outros. Mas a força das minhas intenções não indica propriamente que me darei ou não ao trabalho de agir, de pôr minha fé em ação, de fazer a diferença para a qual Cristo me capacitou. Momentos decisivos são somente tão bons quanto estilos de vida em que se transformem.

Sempre reflito naquele dia e em minhas intenções de ajudar a família. Ainda não sei ao certo o que aconteceu. Voltei para casa naquela noite ansiosa por contar a todos o que experimentara na casa de Baldwin Park, cheia de pensamentos e sentimentos esperançosos sobre a diferença que poderíamos fazer. A lista por mim redigida andou ao meu lado no carro, no banco do passageiro, durante toda a semana seguinte. Olhava para ela com frequência, pegando-a e acrescentando de tempos em tempos mais ações, pensando em pessoas para as quais precisava telefonar e pedir ajuda. Não muitos dias depois, na pressa de ir a algum lugar, joguei uns livros e a bolsa em cima da lista. No decorrer da semana, ela ainda deu um jeito de voltar à superfície, apesar do que quer que eu tivesse jogado sobre ela. Mas, então, alguém teve de andar no carro comigo, de modo que tirei tudo que havia no banco de passageiro e passei para o banco de trás. Anotei mentalmente que precisava recuperá-la logo que possível, e pretendia fazê-lo. Então, alguns jornais foram acrescentados às coisas jogadas no banco traseiro e um dia, acho que foi no lava-rápido, despejei tudo que havia dentro do carro em uma lata de lixo, sem pensar duas vezes.

O que terá havido? Egoísmo? Excesso de afazeres? O tamanho da necessidade a atender terá me paralisado? A resposta talvez seja sim — para estas perguntas todas. Hoje, no entanto, anos depois do acontecido, a melhor conclusão que me ocorre de tudo isso é que *a maneira em que você vive tem importância.*

Tive uma grande oportunidade e tive grandes ideias. Poderia ter feito coisas ótimas para aquela família. *Deveria* ter feito coisas ótimas por eles. Deus providenciara para que meu dia de trabalho cruzasse com a necessidade daquela família. O que poderia ser mais importante do que agir de acordo com isso? Quando redigi a lista, minha vontade era fazer tudo que havia incluído nela. Agora, anos depois, penso que gostaria de ter realizado pelo menos um de seus itens.

Às vezes, é em nossos fracassos que encontramos Deus. Nossos dolorosos, vergonhosos e públicos fracassos. O problema é que, quando algo dói, nós o evitamos. E, ao fazê-lo, afastamo-nos justamente do que precisamos enfrentar a fim de encontrarmos Deus.

Cheguei a um ponto da vida em que é raro ser surpreendida por meu pecado, apenas entristecida. A surpresa indicaria que não pensara ser capaz de tamanho delito. Hoje, sei que pouquíssimas vezes é esse o caso.

A tristeza me ajuda a entender a necessidade que tenho de Jesus. Tristeza em meus pensamentos, comportamentos, ações — ou na ausência deles.

A tristeza me ajuda a entender que sem ele estou perdida.

CAPÍTULO 12

Não se esqueça de lembrar

Enquanto escrevo isto, o Quatro de Julho está prestes a acontecer. O verão segue a pleno calor, e logo estaremos desfrutando, no quintal de casa, do indispensável churrasco, a que não podem faltar hambúrgueres, salsichas e milho assado na brasa. O cheiro gostoso da grama quente, o sabor das frutas da estação, a sensação da água fresca de uma piscina, tudo isso anuncia a chegada oficial do verão.

Esse cenário e esses odores me transportam sempre de volta à infância, à casa de minha avó, onde primos e primas, tias e tios se reuniam, a cada verão, para usufruir o feriado comemorativo da independência americana. Ainda consigo sentir aquele espírito despreocupado de juventude, o suor pingando na minha pele enquanto corríamos pelo quintal em algazarra e o antegozo do sorvete caseiro. Ano após ano, devorávamos melancia até ficarmos de barriga inchada e tomávamos depois, cada qual, uma concha cheia de sorvete de baunilha. Saboreávamos o doce sabor derreter na boca, enquanto o dia escurecia e voltávamos o rosto para os fogos coloridos e brilhantes que explodiam lá no céu.

Não se trata apenas de lembranças maravilhosas. É algo muito mais profundo. Essas recordações me trazem à mente um tempo em que me sentia segura e livre para sorver a bondade da vida. Há, portanto, um fundamento nessas lembranças.

Amo viajar na rememoração de cenários, aromas, sabores e alegrias que fizeram parte das minhas celebrações da infância. Mas, se avanço nessa viagem além das primeiras recordações superficiais, sou capaz de alcançar lugar bem mais profundo, de conexão com Deus, o Criador de todos os vislumbres e aromas e sabores e alegrias. O misto de liberdade e alegria que pude experimentar no quintal da minha avó é mais do que simples sorvete e brincar com primos e primas. É, na verdade, uma conexão com Deus e seu caráter. Seu Universo é um reflexo dele mesmo e está cheio de todas essas boas coisas da vida. Isso é um fundamento sólido. E até onde a lembrança pode nos levar.

Gostaria de viver cada dia da minha vida com o mesmo senso de liberdade e prazer que tinha aos 7 anos. Como adulta, no entanto, sei que isso é impossível, porque a vida é muito mais complicada agora do que quando criança. Verdade. Mas também é verdade que Deus hoje é o mesmo do dia 4 de julho de 1962.

Minha vida, sem dúvida, tornou-se mais complexa do que naquela época. Tenho enfrentado, certamente, bem mais dificuldades e privações desde então. No entanto, essa mesma liberdade e alegria estão disponíveis no Universo divino. Eu, tão somente, tenho memória curta.

Como escreveu Wallace Stegner, vivo onde posso ver o último pôr do sol do continente, a apenas vinte e cinco minutos do oceano Pacífico. Vou com frequência até lá, para caminhar pela praia. Talvez seja uma das coisas que faço que mais me deixa confiante e satisfeita. Sempre me surpreende que a água e as ondas que vejo hajam percorrido quilômetros, procedentes de uma terra distante, para vir dar em minhas areias. Alguma coisa existe no fato de estar ali, contemplando a grandiosidade de Deus e sentindo-me segura em suas mãos, que me ajuda a enxergar tudo sob a perspectiva correta.

Quando em casa, é fácil esquecer o que senti junto ao mar. Decorridos somente dez minutos no caminho de casa, o oceano às minhas costas, já sou capaz de perder a confiança e a perspectiva. Tenho, de fato, memória curta. O curioso é que sei que o oceano continua no mesmo lugar, com seu ritmo e sua mensagem. Fui eu que esqueci.

O poder de recordar transcende sua própria natureza evocativa. Está relacionado a mais do que lembrar ou reviver apenas. Recordar traz o passado, com toda a presença de Deus, ao nosso presente e futuro. Melhor ainda, faz a reconexão com Deus e sua atividade em nossa vida. Recordar põe as coisas em perspectiva, lembra-nos que Deus esteve presente, agiu poderosamente em nossa existência e promete fazê-lo de novo. Somos lembrados de nós mesmos, quando recordamos.

Recordar é como olhar pelo espelho retrovisor do carro. Quando dirigimos, o melhor é manter os olhos voltados para a frente a maior parte do tempo. De vez em quando, porém, uma olhadela no espelho retrovisor para ver o que está acontecendo lá atrás é também uma boa ideia. Às vezes, o que está acontecendo lá atrás pode nos dizer muita coisa a respeito de para onde estamos indo e como proceder. Um rápido olhar para trás pode nos informar e ajudar a amadurecer, aprofundar e nos preparar para o que vem a seguir. Um cenário retroativo que nos mostre a fidelidade de Deus nos apronta para o que vem pela frente.

Em grande medida, recordar é o que nos faz humanos. Claro, nossa capacidade de recordar se reduz com o envelhecimento, mas não é incrível que possamos alcançar um recesso já esquecido do cérebro e recuperar uma lembrança que nos transporta para outro tempo e lugar? Em um instante, a visão, os sonhos e os odores que envolveram um momento em particular ganham vida. Recordar é como se os acontecimentos se repetissem para nós de verdade.

De todos os nossos sentidos, talvez o olfato seja o de maior capacidade evocativa. Helen Keller, que era cega, surda e muda, disse o seguinte sobre o olfato:

> O olfato é um feiticeiro poderoso, que nos transporta por milhares de quilômetros e todos os anos que vivemos. O perfume das frutas me carrega pelos ares até minha casa no Sul, às minhas travessuras de infância no pomar de pêssegos. Outros odores, instantâneos e fugazes, inflam meu coração de prazer ou o contraem com a dor recordada. Agora mesmo, quando penso em odores, meu nariz se enche de aromas a despertar lembranças doces de verões passados e campos amadurecendo muito longe daqui.

Estranho que moléculas odoríferas consigam abrir caminho pelo ar e entrar no nariz para interagir com os mais de 5 milhões de células olfativas ali residentes. E que, ao fazê-lo, umas poucas moléculas dissidentes permaneçam conectadas a um canto escuro da mente, prontas para reavivar-nos a memória com um simples bafejo.

Tenho 50 anos, e até hoje o aroma de suco de abacaxi me recorda imediatamente a hora do recreio na pré-escola. Respirar o odor do feno me lembra o tempo em que eu treinava cavalos, e o cheiro penetrante de ovas de salmão me conduz à barranca do rio Black, onde pescava truta com meu pai.

Poucos anos atrás, meu marido resolveu experimentar uma nova loção pós-barba. O perfume era agradável, mas fui obrigada a avisá-lo de que, a menos que me quisesse fazer pensar em um antigo namorado cada vez que sentia aquele cheiro, seria melhor voltar para sua loção Pierre Cardin. Não tinha a intenção alguma de pensar no tal sujeito, mas era como se meu cérebro operasse no piloto automático.

Em seu livro *Uma história natural do amor*, Diane Ackerman chama o olfato de "sentido mudo". Ela escreve:

> Nada é mais memorável que um cheiro [...]. Os cheiros explodem suavemente dentro da nossa memória como minas terrestres lancinantes, ocultas sob a massa esparsa dos muitos anos e experiências.
>
> Os vínculos fisiológicos entre os centros do olfato e da linguagem no cérebro são lamentavelmente fracos. O mesmo não acontece com os vínculos entre o olfato e a memória, uma via que nos carrega com agilidade através do tempo e da distância.[7]

O ato de recordar é tão poderoso — e o olfato é uma das formas mais dignas de nota pelas quais essas recordações distantes são despertadas — que Deus nos lembra a todo instante para fazê-lo. O Antigo Testamento está repleto de histórias de altares de pedras e incensos, todos com o propósito de encontrar a gaveta do cérebro que contém determinada lembrança e provocá-la. Não só o Antigo Testamento, no entanto, está repleto dessas indicações de lembrança. Ao fazer

---

[7] ACKERMAN, Diane. **Uma história natural do amor**. Rio de Janeiro: Bertrand Brasil, 2007.

sua última ceia com os discípulos, Jesus encerrou-a com a recomendação de que lembrassem dele toda vez que repetissem a experiência.

Deus sempre chamou seu povo a lembrar, mas o povo tem memória curta. Todavia, embora certas épocas ou odores ou sons incitem nossa lembrança de modo bastante inesperado, podemos lembrar também propositadamente. Por vontade própria.

No primeiro aniversário do Onze de Setembro, criamos um culto no Axis chamado "Não se esqueça de lembrar". O culto foi lindo. Um de nossos estagiários montou um vídeo poderoso de imagens daquele dia, acompanhado da canção inesquecível de Fernando Ortega baseada no salmo 32. Ao cantá-la em adoração, rogamos a Deus que nos ouvisse e interviesse em nosso mundo corrompido e sujo. Passagens das Escrituras foram projetadas em uma tela, lembrando-nos da importância e do poder da recordação. Em seguida, fiz um rápido sermão, sob o mesmo título do culto: "Não se esqueça de lembrar".

Concluímos a noite com mais cânticos e um convite para as pessoas virem à frente. Cerca de dez membros da equipe e voluntários do Axis se enfileiraram então ao longo da plataforma e, à medida que uma grande quantidade de pessoas avançava, em filas, íamos amarrando, em cada qual, um pedaço de barbante em um de seus dedos, com o significado de lembrança. Oramos depois por todos e lhes recomendamos: "Não se esqueça de lembrar".

Uma das pessoas na minha fila era uma moça de 23 anos chamada Jen. Já participava do Axis havia três anos e integrava a equipe de música e produção. Muito inteligente, trabalhava como engenheira em uma grande empresa; mas também travava profunda batalha contra a depressão.

Jen vivia entrando e saindo de clínicas de recuperação. Experimentara diferentes medicamentos e terapeutas e tentara o suicídio duas vezes. Seu pequeno grupo lhe significara um apoio incrível nesses períodos difíceis, mas a depressão não lhe dava trégua. Fiquei contente de vê-la na minha fila porque gostava muito dela.

Amarrei o barbante em torno de seu indicador esquerdo, fiz uma oração silenciosa em seu favor e disse:

— Não se esqueça de lembrar, Jen.

Quando ela ergueu os olhos na minha direção, estavam cheios de lágrimas. Jen me puxou para perto e sussurrou, em resposta a algo que eu dissera na mensagem:

— É verdade? Ele está perto de nós mesmo, até nas horas difíceis?

Respondi com outro sussurro:

— Sim, Jen, principalmente nas horas difíceis.

Foi um momento emocionante e doce.

Na semana seguinte, ela chegou antes do culto do Axis para trabalhar com a equipe de planejamento de produção. Enquanto eu andava de um lado para o outro do ginásio coberto, verificando com diferentes pessoas os preparativos para o culto da noite, Jen fez questão de vir ao meu encontro. Disse que me queria mostrar algo. Bastou vê-la para me lembrar de nossa interação da semana anterior, mas seu rosto agora parecia feliz, o que me deixou contente.

Ela contou que fora à loja de um tatuador durante a semana. A princípio, fiquei sem saber como reagir a isso, mas ela parecia tão feliz que imaginei que a novidade só podia ser boa. Então, arregaçou as mangas da roupa.

Os pulsos de Jen ainda ostentavam as evidências de suas tentativas fracassadas de suicídio. Agora, no entanto, tatuada na parte interna de cada pulso, bem acima das marcas de corte, havia uma palavra que não reconheci. Segurei-lhe os pulsos e examinei-as com atenção.

חסד

— É a palavra hebraica para "graça" — explicou ela. — Antes, toda vez que olhava para meus pulsos, só conseguia me lembrar do desespero que vivi. Queria me lembrar da presença de Deus, que ele estava comigo em tudo o que passei. O barbante que você amarrou no meu dedo logo saiu. Isso aqui não sai.

Fiquei alguns instantes sem dizer nada, incapaz de desviar os olhos das cicatrizes e da linda palavra hebraica sobreposta, que quer dizer "graça". Foi incrível.

Quem haveria de imaginar que nossas lembranças podem ser devocionais? Objetos no espelho estão mais próximos do que parecem.

Mesmo.

CAPÍTULO 13
Modelo

Há uma palavra que eu gostaria de ver eliminada dos lábios cristãos: "modelo". Não estou falando absolutamente da famosa modelo norte-americana Tyra Banks.

A maior parte das vezes, essa palavra é usada no contexto de liderança cristã. Mesmo fora dele, no entanto, costuma-se dizer aos cristãos que precisamos servir de modelo do comportamento e do estilo de vida que Deus deseja. Perdoe-me se exagero na sutileza da distinção aqui, mas creio que, quando usamos a palavra "modelo" com esse sentido, aproximamos as pessoas perigosamente de uma vida incoerente. Deus sabe o que temos visto de histórias mais que suficientes publicadas nos jornais sobre cristãos que caem nessa.

Modelo implica que, independentemente do que cremos, sentimos ou pensamos no íntimo, deveríamos pelo menos tentar dar ao nosso exterior uma boa aparência. Essa maneira de pensar nos leva a viver conforme o exterior, ou seja, para os outros, em vez de com o interior, de um centro conectado com Deus. Ela nos direciona para uma divisão doentia em compartimentos estanques, dizendo uma coisa, mas fazendo outra ou acreditando em outra completamente diferente. Sempre em segredo, no entanto, para que ninguém perceba que as duas faces da moeda não combinam.

A palavra "modelo" só é empregada três vezes nas Escrituras. O que não deixa de ser impressionante, considerando a frequência com que falamos a seu respeito. Ezequiel 28.12 usa a palavra para descrever o rei de Tiro. Embora acabasse sendo corrompido pelo orgulho e a violência, esse governante começara muito bem: "Você era o modelo da perfeição, cheio de sabedoria e de perfeita beleza". A palavra não é empregada aqui para sugerir que imitemos o rei de Tiro, uma vez que ele não sustentou esse *status* quando o pecado forçou entrada em sua alma e logrou fazê-lo.

As outras ocorrências da palavra se encontram em 1Tessalonicenses 1.7 e 2Tessalonicenses 3.9. Em 2Tessalonicenses, Paulo diz que ele, Silas e Timóteo eram um modelo a ser seguido pelos primeiros cristãos. Modelo de trabalho duro, grande empenho e muita fadiga, a fim de não se tornarem um peso financeiro para o povo de Tessalônica.

Em 1Tessalonicenses, Paulo elogia os próprios membros da igreja de Tessalônica: "Assim, tornaram-se modelo para todos os crentes que estão na Macedônia e na Acaia. Porque, partindo de vocês, propagou-se a mensagem do Senhor na Macedônia e na Acaia. Não somente isso, mas também por toda parte tornou-se conhecida a fé que vocês têm em Deus" (1.7,8). Paulo está honrando sua vida de fé, e não um programa de modificação de comportamento de que estivessem participando para outras pessoas. No início do capítulo, Paulo descreve com as seguintes palavras como receberam essa fé: [...] "porque o nosso evangelho não chegou a vocês somente em palavra, mas também em poder, no Espírito Santo e em plena convicção" (v. 5).

O comportamento deles que servia de modelo aos demais não se resumia à preocupação com o exterior, mascarando uma realidade interior diversa. Eram um modelo do poder do evangelho, que resultara em profunda transformação de vida. Sua fé era conhecida em todas as regiões ao redor.

Uma maneira coerente de falar em modelo é falar a respeito de autenticidade. Existe uma grande diferença entre quem diz que precisamos ser modelo de comportamento cristão para as pessoas e quem vive tão bem com Deus que as pessoas lhe perguntam sobre sua fé. Desejamos viver de tal modo que nos queiram imitar porque acreditamos realmente que esse é o modo de viver profundamente com Deus. Vivemos isso porque nisso acreditamos, e não porque nos sentimos pressionados por quem nos esteja observando.

Autenticidade significa ser sincero quanto à nossa luta, sabendo que nessa sinceridade Deus virá ao nosso encontro e nos transformará. Queremos que o nosso interior e exterior se equivalham. Sinto-me atraída por pessoas assim. Creio que é isso que Deus tem em mente para nós como seus seguidores. Pessoas que vivem profundamente com ele atraem os outros. São cativantes e valentes, corajosas e abertas, sinceras e reais. Isso é servir de modelo com base no poder do evangelho, que transforma vidas.

No livro *Generating Hope* [Gerando esperança], Jimmy Long fala a respeito de conversão, quando as pessoas resolvem seguir Deus. Em primeiro lugar, explica ele, existe uma conversão à comunidade, depois a conversão a Deus. Muitas vezes, as pessoas não são capazes de dar o salto para Deus, ou não estão dispostas a fazê-lo de imediato, podendo ser necessário uma longa exposição delas junto à comunidade cristã antes de serem levadas a Deus, que está no centro da comunidade.

Era esse com certeza o caso da igreja primitiva. Em Atos 2, a comunidade de cristãos é descrita como dedicada ao ensino dos apóstolos acerca de Jesus. Faziam as refeições juntos, oravam juntos e vendiam o que tinham a fim de suprir quem não dispunha do suficiente. Eram alegres e sinceros de coração e, por conseguinte, contavam com "a simpatia de todo o povo" (Atos 2.47). *A Mensagem* traduz isso da seguinte forma: "O povo da cidade apreciava o que via".

Resultado: "Todos os dias, o número deles aumentava, e Deus acrescentava os que iam sendo salvos".

A maior apologética, a melhor defesa ou evidência de nossa fé, é o nosso modo de viver autêntico com Deus. A autenticidade implica sinceridade, luta, questionamento, períodos passados no deserto, brandir de punhos cerrados e silêncio carregado de esperança. Qualquer outra coisa ou é modificação comportamental ou dissimulação — e nenhuma dessas coisas redunda em transformação.

Existe uma ideia equivocada de que a vida cristã é uma série de cumes de montanha, uma sucessão de aventuras grandiosas da fé.

Não é.

Algumas pessoas vivem de maneira tão atraente que me sinto compelida a observá-las. Há nelas graça e equilíbrio, alegria e esperança, sofrimento e dor, erros e distância — tudo com Deus. Os que têm coragem de fazer isso são raros e deveriam ser nosso modelo.

Deus vive na luta. É nela que o encontramos.

CAPÍTULO 14
Heróis

Sempre me pergunto se não estamos procurando nossos heróis nos lugares errados.

Se trouxemos para nossas igrejas a cultura da celebridade.

Indago-me como seria se, na próxima conferência cristã a que você assistisse, os palestrantes não tivessem construído uma megaigreja ou escrito um livro.

Se Jesus viesse a Glendora, Califórnia, acho que daria um pulo na casa de Babs Conklin e teria coisas boas para lhe dizer. Mas não sei se algum dia alguém já convidou Babs para falar em uma conferência de igreja.

Só quem tem a perder com isso somos nós.

Babs é casada e mãe de três filhos. Vivo me perguntando onde ela arranja tanta paciência e se eu conseguiria dela um pouco. Trabalha como professora de jardim da infância, razão pela qual seria de pensar que esgotasse toda a sua paciência na escola. Mas ainda a tem quando volta para casa.

No ano passado, doou o rim esquerdo para um homem que precisava dele. Não era parente, nem mesmo um amigo. Apenas amigo de um amigo. Babs ficara sabendo que ele passava horas na diálise toda semana e que sua única esperança era o transplante. De modo que se submeteu a uma bateria de testes para identificar se seu rim seria compatível, e o resultado foi positivo.

Babs contou então à família o que pretendia fazer. O marido a acompanhou à consulta médica para ouvir sobre os riscos e o que se podia esperar depois. Acompanhou-a também ao hospital, no dia da operação. Permaneceu na sala de espera enquanto retiravam um dos rins da esposa. Continuava lá quando os cirurgiões vieram lhe dizer que Babs passava bem e que o homem que precisava do rim tinha mudado a cor da pele, de cinza para rosada, em minutos, assim que recebera o novo rim.

Babs agora está se recuperando, e o homem, livre da diálise e do medo da morte iminente.

> Se você vê um irmão em necessidade e tem recursos para ajudá-lo, mas vira as costas e não faz nada, o que acontece com o amor de Deus? (1João 3.17, *A Mensagem*)[8]

Amor pode ser uma palavra bem difícil de definir. Exceto quando há um rim envolvido.

Dave e Shirley frequentam nossa igreja. Estão casados há quase quarenta anos e criaram três filhos. Acolhem crianças pequenas, dando o cuidado temporário necessário até que os bebês possam voltar para casa com os pais, ou serem transferidos para uma instituição em que permaneçam por longo tempo ou adotados. Às vezes, acontece de serem avisados com uma hora apenas de antecedência antes que um novo bebê lhes seja entregue. Isso feito, encarregam-se de cuidar dele de quatro horas até três meses. Quando encontro

8 **São Paulo: Vida, 2011.**

Dave e Shirley na igreja, são às vezes só Dave e Shirley. Outras vezes, são Dave, Shirley e mais um ou dois bebês. Não dá para prever.

Em quase quarenta anos de casamento, já acolheram mais de 80 crianças. Você precisava ver o rosto de ambos quando estão com um desses nenéns. Parece até que alguém lhes está prestando um grande favor.

Todos os dias, nos bastidores e sem fazer alarde, os seguidores de Cristo realizam algum ato heroico. São pessoas que se sentem profundamente amadas por Deus e não podem deixar de se doar aos outros. Sua história faz você querer endireitar um pouco mais a coluna, cavar um pouco mais fundo e se dar um pouco mais. Essas pessoas inspiram o que há de mais profundo em mim, aquilo que está conectado com Deus. Não me inspira propriamente sua aparência, ou o que disseram ou escreveram, mas, sim, como elas amam.

Escolher as pessoas certas como heroínas é de crucial importância para a nossa fé. Para tanto, temos de procurá-las nos lugares certos e nas situações certas.

Jesus transformou centuriões romanos, mulheres, leprosos e crianças em heróis. Viu aquilo que a maioria das pessoas deixou passar despercebido, sem tomar conhecimento. Ele não olhou para como aquelas pessoas se vestiam ou o que tinham feito ou construído. Concentrou-se em como amavam e confiavam, em sua gratidão e simplicidade da fé.

Os verdadeiros heróis levantam nossa face. Agitam lugares profundos do nosso interior, que se empenham em busca de significado, importância, propósito e Deus. Os verdadeiros heróis nos lembram que o amor não é assim tão difícil de definir.

Um dos meus heróis é um irmão de nossa igreja. Não posso citar-lhe o nome neste livro, pois sei que morreria de constrangimento. Seria capaz até de me processar para impedir que o fizesse.

De qualquer forma, trata-se de um homem de negócios muito bem-sucedido e excelente pai de família. Viaja muito e trabalha há anos para manter a fé viva, prática e em constante transformação.

Todo sábado, ele vai ao banco e retira um maço de notas de 50 e 100 dólares. Coloca-as na carteira e sussurra uma oração para que Deus o incomode enquanto estiver cuidando dos seus afazeres. Graças a essa prática, descobriu que a maioria das arrumadeiras de hotel trabalha por salário mínimo. Assim, sempre que viaja, deixa uma gorjeta generosa sobre o travesseiro quando deixa o hotel. Além da gorjeta, dirige outra oração a Deus pedindo que ele abençoe a vida das pessoas que mantiveram o quarto arrumado durante sua estada.

No mês passado, quando esteve no Colorado, parou alguns minutos para que lhe engraxassem os sapatos no saguão do hotel. Entabulou uma conversa com o engraxate e veio a saber que aquele homem chegara do México havia apenas três dias. Com um visto de permanência de apenas seis meses nos Estados Unidos, mandava a maior parte do dinheiro para a esposa e quatro filhos, em seu país. Era o seu segundo dia no trabalho.

Meu amigo inclinou-se e disse:

— Já que está apenas começando nesse trabalho, não quero que pense que muita gente fará a mesma coisa, mas, por favor, aceite isso, junto com a minha oração por você e sua família.

Ele entregou ao homem três notas de 100 dólares. Essa história me comoveu tão profundamente que eu também ainda oro pelo engraxate.

Larry Clark é outro de meus heróis. Larry era um homem incomum, talvez até estranho. Sim, Larry era estranho, sem sombra de dúvida.

Integrante de uma equipe de umas oito pessoas e ministrando para a "geração dos 18 aos 20 e poucos anos", Larry se distinguia pelo fato de ter cerca de 40 anos e trabalhar como voluntário nesse ministério em tempo integral. Comparecia às nossas reuniões de equipe, tinha escritório em um dos nossos cubículos e dava sua vida pelos líderes do serviço.

Trabalhara alguns anos na IBM e deixara a empresa com uma escassa reserva financeira, depois de aderir a um programa de aposentadoria antecipada oferecido pela companhia com a finalidade de reduzir seu quadro de pessoal. Suplementava a magra renda atuando como professor substituto durante alguns dias por mês. Dedicava mais de 40 horas por semana ao nosso ministério. Era apaixonado por discipulado e desenvolvimento de liderança. Costumava identificar um punhado de jovens adultos ansiosos — ou no mínimo curiosos — no ministério e investia horas ensinando-os e levando-os a eventos em que poderiam ser expostos a um ensino inspirado e aprendizado interativo. Enviava para eles, pelos correios, livros que considerava capazes de lhes falar na época e nas circunstâncias que viviam. Enviava também fitas e CDs para ouvirem no carro e os convidava para almoçar fora, ocasião em que aproveitava para conversar sobre quem eram eles, quem era Deus e como essas duas coisas se cruzavam.

— Sou um artista, e a minha tela é o povo — disse ele uma vez.

Quando comecei a trabalhar no Axis, logo percebi que quase todo mundo ali tinha algum tipo de ligação com Larry. Isso me confundia um pouco, pois esperava que alguém com esse tipo de influência fosse bastante impressionante — pelo menos no sentido que costumo achar o que seja impressionante.

Já falei que Larry era estranho, não? Quando estava ao telefone com um de seus discípulos, geralmente falava muito alto. E, como ocupava um cubículo, todos à sua volta escutavam a conversa. Isso se tornou quase uma piada entre nós. Um dia, um dos membros da equipe subiu em uma cadeira, mostrou um megafone para Larry, que falava ao telefone, e gritou:

— Ei, Larry! Pode falar um pouco mais alto?

Larry quase caiu da cadeira de tanto rir, a ponto de chorar. Mesmo assim, nunca falou baixo. Creio que sua exuberância e paixão só brotavam em volume alto. Nas reuniões com a equipe, mostrava sempre entusiasmo pelo crescimento espiritual de alguém com quem estava trabalhando, e seus lábios mal conseguiam acompanhar o ritmo do cérebro quando procurava falar sobre o assunto.

Vivia com bem pouco. Não parecia pensar nas coisas como a maioria das pessoas costuma pensar. Morava em um apartamento pequeno e, quando tínhamos um almoço da equipe do Axis na igreja, sempre levava embrulhado o pouco que sobrara nas panelas, para aliviar certamente as despesas da semana. Na verdade, levava o que sobrava em outras reuniões da igreja também. Uma vez lhe perguntei como conseguia se alimentar com rendimentos tão escassos, e seu rosto se iluminou:

— Você não acreditaria no que se pode recolher das latas de lixo dos fundos dos supermercados depois da meia-noite! — foi sua resposta.

É provável que eu não acreditasse mesmo.

Em outra ocasião, dei-lhe um bônus na forma de um cheque de 50 dólares, acompanhado de um bilhete agradecendo por tudo que fazia no ministério. Sua reação foi a de que parecia que eu lhe dera uma casa própria.

Larry investia profundamente na vida dos outros e não buscava voltar os holofotes para si mesmo. Não que não ficasse à vontade debaixo deles; simplesmente nem os notava, se apontados em sua direção ou qualquer outra. Seu prazer vinha do trabalho que conosco realizava, sem ser remunerado.

No outono de 1999, nossa igreja promoveu um retiro, e cerca de 3 mil pessoas, envolvidas na estrutura de pequenos grupos, reuniram-se em Milwaukee, Wisconsin, para dois dias de adoração, comunhão, ensino e compartilhamento da visão. Um grande contingente do Axis acomodou-se em um dos vários hotéis da região. Na primeira manhã do retiro, eu tomava o café com um grupo de líderes quando Heather, uma das integrantes da nossa equipe, procurou-me. Contou-me que Larry sofrera um acidente. Estava bastante calma e, pelo que ela fora informada, Larry estava desperto e falando, de modo que não parecia ser algo muito ruim.

Enquanto nos dirigíamos para o local do acidente, Heather contou que Larry havia levantado cedo aquela manhã e saíra para correr com quatro ou cinco dos rapazes a quem discipulava. Quase no fim da corrida, ele insistira em que os rapazes corressem na frente.

— Estarei logo atrás de vocês — disse.

Pouco depois, desceu da calçada e foi atingido por um ônibus. Quando chegamos, a ambulância já o tinha levado, mas o que restara na rua me fez constatar que ele *não* estaria tão bem assim. O corpo de bombeiros trabalhava depressa para lavar sangue e pedaços de pele e osso na rua.

Daniel, outro integrante da nossa equipe, e eu saltamos rapidamente para dentro do carro dele e seguimos para o pronto-socorro. Dan McFarland, um dos rapazes com quem Larry estivera correndo, veio nos receber. Acompanhara Larry na ambulância até o hospital.

— Ele não parece nada bem — foi a primeira coisa que disse.

Pouco depois, o médico veio nos contar que Larry morrera.

Descobri então que eu não era a única que considerava Larry um herói.

Passamos o resto do dia e boa parte da noite no pronto--socorro, vendo os jovens do Axis acorrerem àquele lugar. Chegavam como se não conseguissem acreditar, sofrendo e amando muito. Vários deles aguardavam, em turnos revezados, enquanto três ou quatro entravam para ver o corpo de Larry. Era a primeira vez que alguns dos jovens ficavam diante de um morto, mas todos queriam ver Larry.

Ninguém pensava em ir embora. Todos queríamos falar sobre ele. No quanto ele era desprendido e como se fazia sempre presente, sempre atencioso. Sobre o seu entusiasmo contagiante por Deus e em seu coração de *servo*, palavra que Larry personificava.

Alguns falaram dos livros, da fitas e das coleções de CDs que tinham graças a ele. Outros, das longas conversas que travaram com ele. Todo mundo comentava como ele sabia ouvir, encorajar e lembrar. Rimos quando alguém mencionou como ele era estranho e como falava alto.

Mais tarde, naquela noite, quando todos deveríamos estar na cama, o grupo do Axis se reuniu em uma das salas de convenções do hotel e sentou-se em um grande círculo, ainda para falar de Larry. Era evidente que ele afetara muitas vidas — profundamente. Histórias e mais histórias eram contadas pelos presentes. Não conseguíamos parar de falar no ser humano extraordinário e único que ele era. Na opção que fizera de levar a vida de maneira heroica, envolto em sentido, em significado e em Deus. Livre de preocupações com dinheiro, com *status* e ego.

Posicionei-me ao lado da família de Larry, que viera do Texas, quando do funeral. Umas 800 pessoas, não menos, aguardaram em fila para prestar suas últimas homenagens, cada qual com uma história para contar. A variedade de pessoas naquela fila dava testemunho do alcance e ecletismo de Larry. Uma mulher de mais idade, com o cabelo todo branco muito bem arrumado e usando terninho e luvas, apertou minha mão. Quando lhe perguntei de onde conhecia Larry, ela murmurou:

— Bem, minha querida, geralmente não dou carona a quem pede, mas...

Alguns rapazes do Axis esvaziaram o apartamento de Larry antes do funeral. Em cima da escrivaninha, encontraram o cheque de 50 dólares que eu enviara. Tinha uma etiqueta de lembrete em cima, com o nome de alguém a quem certamente planejava entregá-lo. Deve ter sabido que o sujeito estava precisando daquele dinheiro.

No fim de semana, dedicamos um culto inteiro a esse homem que vivera entre nós. Demos ao culto o nome de "Uma vida bem vivida". Esse era o Larry.

Durante o culto, pedi a todos que tinham sido diretamente impactados por ele que se levantassem: todos que tivessem participado de seus estudos bíblicos ou de uma das longas e instrutivas discussões espirituais com ele; qualquer um que contasse agora com uma biblioteca crescente, graças a Larry. Uma grande quantidade de pessoas ficou de pé. Pedi-lhes que permanecessem assim e convidei quem permanecera sentado a olhar para os que estavam de pé. Se a vida deles fora diretamente impactada por alguém que estava de pé, poderiam se levantar também?

Quase metade do salão se levantou. Ao redor, um sussurro tranquilo, coletivo, pôde ser ouvido.

Um sujeito estranho.

Uma vida bem vivida.

As ondas se espalham, o artista segue pintando, o povo é transformado.

Dallas Willard diz que Deus não lança a luz de holofotes sobre seus seguidores especiais. Jesus veio de modo tão discreto que muitos nem o perceberam. Talvez nossos heróis não estejam em lugares óbvios. Talvez tenhamos de treinar olhos, coração e mente para encontrá-los.

Garanto que vale o esforço.

CAPÍTULO 15
Aberto ou fechado

Pode-se dizer muita coisa sobre as pessoas observando as mãos delas. Quando menina, uma das coisas que eu mais amava no meu pai eram as suas mãos. Fortes, hábeis, denunciavam seu gosto pela vida ao ar livre. Quando pescava com ele, suas mãos sempre transmitiam a mensagem de que ele sabia exatamente o que estava fazendo.

Papai parava junto ao rio e puxava a linha da carretilha. Com agilidade e destreza, enfiava a linha nas guias da vara, prendia-lhe uma boia de chumbo com um alicate de ponta fina, anzol, isca e tudo o mais e lançava a linha no meio do rio em um movimento único.

Costumávamos caçar também. Tenho uma foto minha com 3 anos de idade, de camisa de flanela enfiada dentro das calças *jeans*, um cão de caça ao lado e uma espingarda 410 debaixo do braço. Papai queria um menino. Não conseguiu; então, arranjou-se com o que pôde. Quando dávamos por encerrada a caça do dia, ele se distinguia no meio dos caçadores por sua habilidade em limpar e cozinhar as aves que havíamos abatido, com movimentos rápidos, fáceis, em tempo recorde. Vou poupar você dos detalhes, mas quando criança eu ficava bastante impressionada.

Só para seu conhecimento, além de ávido pelo ar livre, meu pai também era um esportista correto. Estabelecia poucas regras, mas uma delas era inegociável: se abateu o animal, você come. Uma vez, meus primos e eu saímos para o deserto com ele e meus tios com o intuito de caçar coelhos. Durante uma calmaria, nós, crianças, resolvemos atirar nos lagartos. Para encurtar a história, mesmo com *ketchup*, lagartos não têm gosto de frango.

Quer empunhasse uma vara de pescar, quer uma espingarda, quer um taco de golfe, as mãos de meu pai tinham uma espécie de familiaridade de mestre no assunto.

Há pouco tempo, uma de minhas filhas comentou que tenho as mãos de minha mãe. Acho que suas palavras exatas foram: "Mãe! Você tem as mãos da vovó!". Sem nem me dar tempo para lhe agradecer, passou a descrever os detalhes que sustentavam sua hipótese: veias filiformes saltadas, manchas senis marrons e pele fina, solta. "Dos lábios das crianças e dos recém-nascidos..."

Pode-se dizer muito sobre alguém por suas mãos.

Em se tratando das nossas mãos, temos uma escolha. Podemos mantê-las fechadas a vida inteira: unhas de fome, medrosas, iradas, relutantes, detentoras, comparativas, vazias.

Ou podemos passar pela vida com as mãos abertas: generosas, expressivas, gratas, ajudando e satisfeitas.

O modo de mantermos as mãos revela muito sobre o nosso coração. E a maneira de percebermos a postura das mãos de Deus nos diz muito sobre o coração *dele*. Na verdade, podemos extrair uma teologia inteira baseada em como alguém vê as mãos de Deus.

Passei muitos anos pensando que as mãos de Deus estavam fechadas.

Acho que me enganei.

Tiago 1.17 diz: "Toda boa dádiva e todo dom perfeito vêm do alto, descendo do Pai [...]". Portanto, desde a hora em que acordamos de manhã até repousarmos outra vez à noite, tudo que atravessa o nosso caminho — em especial tudo que é bom e nos traz alegria — é de Deus. Isso não poderia acontecer se as mãos dele estivessem fechadas.

Em Salmos 104.24-28, Davi praticamente tropeça nas próprias palavras ao tentar descrever a bondade de Deus:

> Quantas são as tuas obras, SENHOR!
> Fizeste todas elas com sabedoria!
> A terra está cheia de seres que criaste.
> Eis o mar, imenso e vasto.
> Nele vivem inúmeras criaturas,
> seres vivos, pequenos e grandes.
> Nele passam os navios,
> e também o Leviatã,
> que formaste para com ele brincar.
> Todos eles dirigem seu olhar a ti,
> esperando que lhes dês o alimento
> no tempo certo;
> tu lhes dás, e eles o recolhem,
> *abres a tua mão, e saciam-se de coisas boas.* [Grifos nossos]

As mãos de Deus estão abertas e delas caem toda sorte de coisas boas. E essas coisas boas nos propiciam um olhar para o interior da natureza de Deus. Suas mãos abertas nos indicam quanto ele é generoso e compassivo.

Lucas conta a história de alguém cujas mãos estavam bem cerradas. Depois que esse alguém conhece Jesus, no entanto, tudo muda.

Zaqueu não é só uma história de flanelógrafo de escola dominical para crianças, embora muitos de nós acreditemos que o ponto principal da narrativa seja o fato de ele ser baixo e ter precisado subir em uma árvore para ver Jesus.

Lucas começa seu relato contando que Jesus estava entrando em Jericó.

Parte muito importante da história.

Jericó era uma cidade importante na Palestina. Por sua localização privilegiada, dela se alcançava Jerusalém, a leste, e a travessia do Jordão, a oeste. Todo o comércio da região passava por essa movimentada, populosa e rica cidade. É esse o cenário da história.

A personagem principal é um judeu chamado Zaqueu. Se você foi criado em uma sala de escola dominical, provavelmente não consegue deixar de cantarolar um "corinho" que diz que Zaqueu era pequenino, era bem baixinho etc. Mas ser baixo não constituía o fato mais importante acerca de Zaqueu. Logo após apresentá-lo, Lucas nos faz saber que esse homem era o chefe dos coletores de impostos local e muito rico.

Um relato da época, como o de Lucas, afirmar que Zaqueu era chefe dos coletores de impostos e rico é pleonasmo. Sendo uma coisa, teria de ser outra. O sistema de impostos de então se prestava aos maiores abusos. O governo romano, que dominava então a Palestina, atribuía determinado valor a um distrito e vendia o direito de coletar impostos a quem desse o lance mais alto. Desde que o valor estimado e devido a Roma fosse pago no fim do ano, o vencedor da licitação ficava livre para coletar o que bem entendesse acima dessa quantia. Por isso, os coletores de impostos, ou publicanos, judeus, eram vistos por seus concidadãos, em geral, como desonestos e, por entregarem o dinheiro judaico ao dominador, como traidores.

Você compreende agora por que as pessoas da época enquadravam ladrões, assassinos e coletores de impostos na mesma categoria? Os publicanos eram até mal recebidos nas sinagogas. Ninguém gostava deles. Na verdade, eram totalmente desprezados. Era comum gente do povo buscar vingança agredindo-os e os ofendendo, quando descobertos no meio da multidão. Assim, além do fato de Zaqueu ser baixo, esse devia ser um dos principais motivos pelos quais desejava evitar a multidão, ao ir ver Jesus passar.

Na verdade, Lucas 19.4 diz que ele correu adiante e subiu em uma árvore. Não quis ficar junto da multidão que aguardava Jesus, nem da que seguia o Mestre, mas adiantou-se a esta. Portanto, lá estava Zaqueu, encarapitado em uma árvore — longe das pessoas que o desprezavam e protegido dos cotovelos daqueles de quem cobrava impostos — à espera de Jesus.

Agora, vamos para o fim da história, quando Jesus diz que veio salvar o que estava perdido (Lucas 19.10). De seu ponto de vista, Zaqueu estava perdido. Tinha fechadas, por cobiça e avareza, as mãos que arrecadavam injustos impostos das pessoas e acumulavam grande riqueza só para si. Tudo isso qualificava Zaqueu como "perdido".

Creio que Zaqueu sabia disso. Estava disposto a enfrentar, se necessário, a multidão (está bem, refugiar-se no alto da árvore não foi um gesto muito corajoso, mas pelo menos ele foi até lá) só pela oportunidade de ver Jesus. Era bem-sucedido, mas nada satisfeito. Rico, mas não feliz.

Somos feitos para viver com as mãos como as de Deus, e não como as de Zaqueu.

Morando em Jericó, Zaqueu ouviu certamente falar em Jesus. Se, como Lucas nos diz, ele queria ver o Mestre, alguma coisa o impelira a isso. Deve ter ouvido rumores de que um novo rabi, nada ortodoxo, andava contando histórias que transformavam proscritos em heróis. Talvez alguém lhe haja repetido a história que Jesus contara sobre o samaritano. "Um samaritano? Está brincando?" Jesus destacou o tipo de sujeito a quem o povo judeu odiava, para fazer dele herói de uma narrativa. Ora, Zaqueu sabia o que significava ser odiado. Mas nunca fora herói de história alguma. Eis por que Jesus lhe chamara a atenção.

É provável que alguém também tivesse compartilhado com ele outra história contada por Jesus sobre um homem rico que pretendia dar uma festa (Lucas 14). Zaqueu era rico e também vivera uma época em que dava festas. Era com ele mesmo.

Como ninguém aceitasse o convite do homem rico — coisa, aliás, de que nunca se ouvira falar naquela época —, o anfitrião mandara seus servos trazerem os pobres e os deficientes para a festa. E os enviou às cercanias da cidade, a fim de que convidassem até quem vivia longe. Queria encher sua casa.

Um homem rico que abre a casa justamente para pessoas que todo mundo evita? Não admira que Zaqueu desejasse ver quem era Jesus.

Tudo indica que Jesus também queria ver Zaqueu. Porque parou junto à árvore em que o coletor estava empoleirado e lhe comunicou que gostaria muito de ir à sua casa naquele mesmo dia.

Quem sabe que histórias ele contou a Zaqueu ao chegar lá, mas, quando Jesus estava prestes a ir embora, as mãos de Zaqueu tinham se aberto.

Eis o que ele disse: "Olha, Senhor! Estou dando a metade dos meus bens aos pobres; e se de alguém extorqui alguma coisa, devolverei quatro vezes mais" (Lucas 19.8).

Foi essa a reação espontânea de Zaqueu ao estar com Jesus. Estar com Jesus relaxou os dedos apertados de Zaqueu e abriu-lhe as mãos para derramar generosidade sobre quem não tinha tanto — provavelmente pessoas de quem ele cobrara, ou extorquira, impostos indevidos. Creia-me, coletores de impostos judeus da época *jamais* prometeriam restituir quatro vezes mais e doar metade do que tinham.

Penso que fazemos da história de Zaqueu um relato infantil porque, se não, terá sérias implicações sobre nossa vida. *Doar metade dos bens*? Em vez disso, talvez seja melhor me concentrar na árvore e na pequena estatura da personagem principal.

Contudo, se tirarmos a história do flanelógrafo, há muito para vermos. As mãos de Deus estão bem abertas, e não há fim para sua generosidade, sua compaixão, suas coisas boas. Suas mãos estão abertas, e, se mantivermos um relacionamento de confiança com ele, nossas mãos poderão se abrir também. Poderemos desenvolver nosso coração abrindo as mãos.

Quando nossos filhos eram pequenos, tentamos de propósito ensiná-los (e a nós mesmos) a viver com as mãos abertas. De vez em quando, chamávamos as crianças para a escrivaninha onde pagávamos as contas e lhes mostrávamos o cheque do dízimo, explicando o que era e por que fazíamos aquilo. Dizíamos que nossas doações começavam ali, mas não se resumiam a isso. Virávamos então o cheque e pedíamos para cada um assinar seu nome no verso. Era um jeito modesto de fazê-los participar conosco dessa prática importante.

No último verão, um amigo me contou as férias de verão de sua família. Ele e a esposa tinham quatro filhos, todos adolescentes e todos se aproximando depressa do estágio na vida em que as férias em família são raras. Este ano, conseguiram passar dez dias viajando juntos, passeando, comendo juntos e desfrutando de conversas uns com os outros. Foram férias ótimas, e meu amigo ficou muito grato pela experiência.

No voo de volta para casa, seu filho de 16 anos sentou-se perto dele, radiante, e pediu ao pai que lhe desse um pedaço de papel.

— Pai, vamos relacionar tudo que fizemos nas férias e quanto custou — propôs.

Meu amigo não entendeu muito bem onde o filho queria chegar, mas acatou o pedido do garoto. Quando eles terminaram a lista, seu filho o olhou nos olhos e disse:

— Pai, vamos poupar esta quantia e doá-la a uma família que não tem condições de fazer uma viagem como essa?

A bondade nos constrange. Ser abençoado cria um senso de gratidão. E a gratidão nos move à doação, nossas mãos se abrindo até ficarem como as de Deus.

Não somos o fim da linha, nem beco sem saída, para a bondade de Deus. Deveríamos ser como peneiras: Deus derrama por nosso intermédio para que possamos dar aos outros. Duas mãos, ambas abertas — uma para receber, e outra para doar.

Nossas igrejas e vida deveriam ser epicentros de generosidade. Nosso relacionamento com o Deus de mão aberta nos impele a uma generosidade ampla e sacrificial. Cada prisão, cada clínica de repouso de idosos pobres, cada clínica para tratamento de aidéticos e cada escola para crianças menos favorecidas de recursos, dentro de um raio de 50 quilômetros de nossa casa e igreja, deveriam transbordar de voluntários e doadores: todo o povo de Deus, unido, de mãos dadas e escancaradas.

No ano que passou, John e eu visitamos duas famílias diferentes, ambas novas em nossa igreja. Em ambas, crianças pequenas e um pai com uma enfermidade crítica.

Uma das famílias perdeu o pai cerca de uma semana após nossa visita; o outro continua a conviver com a doença em estado crônico, o que o impede de participar da família em sentido mais amplo. Nossas visitas foram tristes.

Em cada uma delas, no entanto, as famílias citaram pessoas de nossa igreja que já tinham estado em sua casa e lhes transmitido compaixão, cuidado constante e assistência. John e eu ficamos sabendo cedo do histórico dessas famílias, mas não fomos os primeiros a procurá-las. Outros, movidos pelas circunstâncias, já se haviam apresentado.

Semana passada, conversei com uma amiga da igreja cuja filha de 20 anos está hospitalizada em condições muito graves, o que provavelmente exigirá tratamento intensivo e um transplante de medula óssea. Perguntei o que podíamos fazer para ajudá-la, e ela mencionou uma mulher da igreja que já está coordenando as refeições e outros auxílios.

Estar presente antes dos outros. De mãos abertas. Como Deus.

Toda vez que Deus abre as mãos, coisas boas caem delas. Não só para nos beneficiar, mas que nos falam de um Deus bom.

Que nos mostram quanto é bom que vivamos também de mãos abertas.

Dois mil anos atrás, a mão de Deus se abriu outra vez. E, na quietude da noite, um bebê nasceu em um estábulo. Seu choro transpassou a noite, e o mundo nunca mais foi o mesmo. Porque, tendo nascido esse bebê, a cruz se tornou inevitável.

Quando a mão de Deus se abriu definitivamente.

CAPÍTULO 16

Anseios, dores e sofrimentos

Um dos meus lugares favoritos para caminhadas é uma trilha de montanha perto de nossa casa. No topo, nos dias em que chego tão longe assim, a visão panorâmica da baía de São Francisco de um lado e das colinas costeiras do outro é estonteante. Depois de atravessar bosques de carvalho e eucalipto, saio no local de onde se descortina essa vista da baía. Virando um pouco o rosto, consigo ver as colinas litorâneas cobertas de sequoias que nos separam do oceano Pacífico. Uma visão deslumbrante.

A última vez que passei por essa trilha, parei no alto da montanha e fiquei admirando aquilo tudo. O prazer e a satisfação me inundaram enquanto eu observava o panorama. Era um dia quente de sol brilhante, e a caminhada fora revigorante. Sentia meu corpo forte e desafiado, meus olhos absorviam o espetáculo, meu coração estava vivo e feliz. Durante a caminhada, eu refletira nas pessoas e nas circunstâncias que enchem minha vida de graça e me senti muito grata a Deus por isso.

Então, senti algo mais. Algo muito diferente do que acabo de descrever.

Uma dor, talvez.

Bem pequena.

Havia algo de melancólico na sensação. Uma pungência doce e amarga ao mesmo tempo.

Era a sensação da brisa leve, ou do apito do trem longínquo, que se pode sentir mais do que ouvir. Estava escondida em tudo que havia por perto, mas estava ali, de qualquer forma. Remexi-me um pouco, como se o movimento físico pudesse aquietar-me.

Apesar de pouco intensa, perguntei-me se o motivo que me levara a notar a sensação de dor não teria sido seu franco contraste com a experiência que vinha tendo até então. Uma pequena ruptura no entusiasmo, uma distração que poderia ir embora desde que eu a ignorasse.

Ignorar é a recomendação que ouço com mais frequência. A título de seguir Deus, ouço que me devo concentrar somente nas coisas boas. Agir assim me parece artificial. Sou aplaudida quando falo em bênçãos e poder. Mas as pessoas se agitam e fazem de tudo para mudar de assunto quando menciono que as coisas às vezes são difíceis e que talvez haja algo errado comigo.

No entanto, acredito que haja mesmo algo errado comigo.

A ironia disso tudo é que Deus costuma ser bem mais real para mim quando chego a esses lugares difíceis. Contudo, procuro evitá-los, aquietar-me, fingir que não são reais.

Quando John e eu nos mudamos para Chicago, a fim de integrarmos a equipe da Igreja Willow Creek, ficamos entusiasmados com a oportunidade. Foi uma época maravilhosa em nossa vida. Criamos nossos filhos em Chicago na maior parte da vida escolar deles. O trabalho que realizamos e as pessoas com quem o executamos foram fantásticos.

Morar em Chicago, porém, foi muito difícil para mim.

Sou uma californiana nata. De segunda geração. Cresci com um pai que acreditava que o ar livre era tudo. Com ele, pesquei em rios, em lagos e no mar. Andei de bicicleta por todo o bairro em que morávamos e por campos cobertos de eucaliptos, que nós, crianças, chamávamos de "floresta". A maior parte do tempo só usava *short*, camiseta e sandálias de dedo.

Na infância, passei todos os meus dias ao ar livre, onde laranjeiras e palmeiras cresciam juntas. O ar era quente, e a topografia da região, muito rica, com suas colinas, vales e montanhas compondo uma bela textura. O oceano ficava a meia hora a oeste, e as montanhas, uma hora a leste. A Califórnia foi o paraíso a céu aberto que moldou profundamente quem sou, embora eu não soubesse disso até me mudar de lá.

De repente, fui viver em um lugar onde as pessoas se vestiam em camadas. E isso durante quase o ano inteiro. Da metade de outubro até metade de maio, Chicago era fria. Tínhamos de manter portas e janelas fechadas. Se armássemos uma tenda no quintal no meio do inverno e dormíssemos dentro dela, mesmo com a ajuda de sacos de dormir, morreríamos de frio.

As folhas caíam das árvores, e o Sol deixava de aparecer durante dias e semanas. A terra era ininterruptamente plana, como se Deus tivesse pegado um ferro de passar e estirado todas as protuberâncias. Para mim, a sensação era de morte. Chicago me convenceu de que o inferno deve ser frio, não quente. Não gostei.

Não me entenda mal. Muita coisa boa aconteceu nesse período da minha vida. Em meio a tantas coisas boas, senti-me tentada a enterrar essa luta, nada ameaçadora à minha vida. O que havia de bom pesava mais que o que havia de ruim; então, por que não me concentrar só no que era bom?

Sempre encontrei Deus em maior profundidade no meio das dificuldades. Podia não saber muita coisa, mas disso tinha certeza. Assim, em vez de enterrar o problema, escolhi enfrentá-lo e dar-lhe atenção. Decidi lutar contra ele, mas conviver com ele e com toda a tensão e tristeza que poderia produzir.

Não creio que Deus tenha me levado para Chicago a fim de me ensinar isso, mas, já que eu estava lá, a ocasião era tão boa quanto qualquer outra para remexer no assunto. Ficava tempos sozinha, consentindo que ideias e sentimentos subissem como bolhas, em vez de soterrá-los. Quando alguém perguntava como eu estava, em vez de sorrir e dizer "Ótima, e você?", eu começava a conversar com a pessoa, como se ela pudesse me ajudar a tratar meus sentimentos.

Descobri que Deus vinha ao meu encontro em meio a essa tristeza. Descobri que o sofrimento profundo e a saudade que sentia da Califórnia eram também reflexo de ser uma estranha naquele mundo ao qual eu não pertencia plenamente, embora ansiasse por isso. Fora criada para um mundo perfeito, mas vivia em um imperfeito. Os estratos espirituais se tornavam cada vez mais acessíveis para mim à medida que eu cavava um pouco mais fundo e dava voz a meus anseios, dores e sofrimentos.

Ao agir assim, o que pouco a pouco emergiu foi uma frase de Deus que me fez crescer: *Você ama mais a Califórnia do que a mim.*

Bom, talvez, mas só um pouco. Seria problema?

Comecei a entender o sentido da expressão "idolatria de lugar". Encontrei amigos que não tiveram medo de entabular uma conversa comigo, de refletir comigo e de me desafiar em relação a essa minha idolatria de lugar. Descobri que Deus era um lugar forte a que eu podia ir quando a sensação de estar perdida parecia opressiva demais. Graças a esse processo, percebi que Deus é a única coisa que nunca me poderá ser tirada, a única coisa que não muda. Esse entendimento tornou-se o centro de quem eu sou.

A questão da minha idolatria não foi nada monumental. Não mudou a vida de ninguém, ninguém; ninguém estava morrendo ou fazendo escolhas ruins. Tampouco representou um "momento decisivo". Mas, mesmo nessas questões menores, podemos encontrar Deus de maneira profunda. Maneira que o transforma no alicerce de nossa vida. Maneira que torna sua força e presença palpáveis. Que faz que criemos um caminho a ser bastante percorrido até Deus e que constitui o centro de quem somos.

Todo anseio é um eco, um desejo intenso de perfeição, à imagem da qual fomos criados. Se prestarmos atenção a esse desejo tão intenso, que chega a doer, se lutarmos contra ele e vivermos nele, cresceremos. Conheceremos Deus em maior profundidade. Ele passa a ser mais real para nós e a cruzar nossa vida. Entenderemos como podemos aplicar o amor de Deus e o poder da cruz em nosso viver.

Se ignorarmos os anseios e os cobrirmos de lugares-comuns relacionados a bênção, perderemos. Deixaremos de aproveitar a oportunidade de aplicar Deus à nossa vida. Ele se tornará um clichê, e nós, uma piada.

Duas das coisas mais poderosas que Deus nos oferece são a sua graça e o seu perdão. No entanto, quando insistimos em ignorar as porções difíceis da vida, estamos dizendo, na verdade, que não precisamos de graça e de perdão. Assim, o poder de Deus se perde em nossa vida. E nos indagamos por que segui-lo, se passou a ser previsível e enfadonho.

Quando minha filha mais velha entrou para a faculdade, dei-lhe um presente no momento em que a deixamos em seu quarto, no dormitório universitário. Um diário — mas não um diário qualquer. Era um "diário de erros". Expliquei-lhe que toda noite, antes de ir para a cama, ela deveria anotar três erros que cometera durante o dia. Já que se daria ao trabalho de anotá-los, que fossem então os maiores.

Após registrá-los, deveria pegar o diário, enfiá-lo debaixo do travesseiro ou colocá-lo em cima da mesinha de cabeceira e adormecer sabendo que a Terra continuava girando em torno de seu eixo, que Deus continuava no controle e amando-a e que amanhã seria um novo dia. Não estou defendendo os erros por si sós, mas há algo muito poderoso em afastar o medo por meio da tomada de consciência de que seus erros não são mais fortes que o amor de Deus por você.

Essa percepção estabelece um núcleo forte e inabalável em sua alma.

Se os encararmos, nossos anseios, dores e sofrimentos nos levarão a um lugar solitário. Mas, se recusarmos a evitá-los, descobriremos a verdade sobre esse lugar.

Que ele não é solitário.

Em João 16, lemos sobre Jesus levando os discípulos a uma conscientização cada vez maior de sua morte iminente. Não era assim que eles tinham imaginado o fim daquilo tudo. Jesus reconheceu que sofriam e lhes falou então da vinda do seu Espírito Santo (v. 7). Avisou-os de que em breve — questão de dias — seriam dispersos e o deixariam só. Diante da morte e do abandono dos discípulos, Jesus entendeu o que para ele significava estar só.

> "Vocês me deixarão sozinho. Mas eu não estou sozinho, pois meu Pai está comigo." (João 16.32)

Meu Pai está comigo. Eis o que o lugar solitário pode nos ensinar, se o permitirmos. Eis o que podemos experimentar em nossos anseios, dores e sofrimentos se não fugirmos deles.

Todos temos buracos negros na alma a impedir que sejamos cheios por muito tempo do que quer que for. Eles nos mantêm em estado constante de carência, sempre buscando reforço por meio do prazer, do conforto e dos muitos afazeres. Mas se nos permitirmos experimentar o anseio, recusando respostas fáceis para dores e sofrimentos, aos poucos edificaremos o alicerce sólido de Deus em nossa alma. Esses lugares de solidão criam uma base que veda o buraco negro para sempre.

Todos necessitamos ouvir a voz de Deus. Nossos anseios, dores e sofrimentos são fiapos dessa voz. Permaneça tempo suficiente na solidão e descobrirá que o silêncio de Deus se transforma em sussurro, e o sussurro, logo na voz que você reconhece.

Nossa disposição — ou falta dela — para esperar determina se seguiremos os fiapos ou se os apararemos. Esperar não é o mesmo que não fazer nada. Se esperarmos bem, permitiremos que Deus realize sua obra em nós, nos molde, conecte-se conosco e nos abrande o coração e a mente. Esperar bem lembra-nos que não estamos sós, mas que o Pai está sempre conosco.

Há cerca de um ano, um homem do grupo de estudo no lar de que participamos nas noites de quarta-feira compartilhou algo com que vinha lutando. Nós o ouvimos, e, quando ele terminou, outros integrantes do grupo lhe falaram sobre ele mesmo, sobre sua questão e sobre Deus. Então, uma das mulheres presentes disse:

— Acho que queremos muito ajudar a amenizar seu problema e dar a você uma resposta fácil. Queremos reconfortar você. Pode haver coisas que Deus talvez queira que falemos, ao longo do caminho, mas, além disso, acho que o melhor presente que podemos dar é fazer você saber que estaremos do seu lado enquanto caminhar com Deus nessa luta.

Ela o encorajou a enfrentar a questão, e não a ignorá-la, evitá-la ou abafá-la. Discorreu sobre a disposição de se lutar junto com Deus e encarar a dor, em vez de tentar entorpecê-la por meio de comportamentos destrutivos. Falou sobre ouvir, buscar, lutar e esperar.

Foi uma espécie de momento silencioso, santo. Sabíamos que essa mulher falava por experiência. Ela emergira de um lugar de solidão, não incólume, mas com sua certeza conectada a Deus de uma maneira que a invejávamos.

Todos temos isso — anseios, dores e sofrimentos. Às vezes, eles nos sobrevêm por épocas, às vezes em ondas. Por vezes, são passageiros e momentâneos. Outras vezes, crônicos, durando a vida inteira. Murmuram e roem, assediam e aborrecem, explodem e retrocedem. No final, podem ser o ponto mais profundo da conexão que somos capazes de ter com Deus. Não estamos sós.

Raramente minha primeira reação é ouvir a dor, dar voz ao anseio ou ficar quieta em meio ao sofrimento. Sou rápida em me mover, em rejeitar e ignorar tais coisas, em me distrair delas ou dispensá-las. Aos poucos, no entanto, estou aprendendo que, se prestar atenção a elas, esses fiapos podem me levar de volta a Deus.

Imagine-se com um carrinho de mão cheio de todos os seus anseios, dores e sofrimentos. Você pode se sentir tentado a empurrá-lo para todo lado, em direção a qualquer um ou qualquer coisa que os faça silenciar. Satisfeito por ora, você segue em frente, alheio ao fato de que continua empurrando um carrinho de mão por toda parte.

Contudo, o que aconteceria se levássemos nossos carrinhos de mão a Deus? Se empurrássemos a carga da insatisfação direto para o coração daquele que sabe como de fato somos? Se agíssemos assim, Deus poderia começar a construir um núcleo no nosso centro, um âmago feito inteiramente dele.

Quanto mais empurrarmos nosso carrinho de mão rumo ao centro de nós mesmos, onde Deus vive, mais familiar o caminho se tornará. Ficará mais fácil encontrá-lo quanto maior for o número de vezes que o usarmos. Se dermos permissão a Deus para construir nosso núcleo em torno dele, esse núcleo se tornará nossa identidade em Cristo. E de repente, pelo menos por ora, deixarão de existir carrinhos de mão.

Conheço um casal jovem desesperado por ter filhos. Os dois estão casados há cerca de oito anos e passaram os últimos três tentando procriar. No começo, trataram do assunto à moda antiga. Mas os meses foram passando e surpreenderam-se quando ficaram sabendo que não seria tão fácil como esperavam. Depois de algum tempo, o que começara como um desejo por filhos transformou-se em anseio. E então esse anseio deu lugar à dor, e a dor criou raízes e desenvolveu o sofrimento.

Esse casal tem procurado vários médicos, gasto quantias enormes de dinheiro e suportado o desconforto físico de injeções e oscilações hormonais — e de tudo isso tem sido cobrado alto preço. Mês após mês, experimenta o desapontamento de mais uma oportunidade perdida de serem pais, o que parte mais ainda o coração de ambos os cônjuges.

Todavia, na última vez que os encontrei, achei-os com outro aspecto, felizes. Na mesma hora, concluí o óbvio, mas pelo menos uma vez na vida não deixei escapar o que estava pensando. De qualquer forma, pareciam ansiosos por me contar o que acontecera.

Nada de gravidez... ainda. Ambos os cônjuges continuavam comprometidos com o processo e esperançosos.
A felicidade deles tinha origem diversa. Acabavam de ajudar financeiramente outro casal estéril, possibilitando que adotasse um bebê. Ficaram sabendo desse casal por intermédio de alguém da igreja. O casal tinha passado por diversas *quase* adoções, mas a atual parecia bastante promissora. Só que estava sem dinheiro. Mas meus amigos, não.

Ouvindo-os falar do que tinham feito, fiquei atônita. Em meio à dor que viviam, como era possível que estendessem a mão com tanta generosidade a outro casal, dando-lhe o que mais queria?

Ambos contaram então em quão sinceros, francos e naturais são sempre um com o outro e com Deus. Continuavam com seu sofrimento, pelo menos boa parte do tempo, mas perceberam que não estavam sós. Quando conheceram o outro casal, decidiram fazer uma doação que garantisse a adoção por este.

— As pessoas dirão que *nós* poderíamos adotar, sei disso, e talvez um dia tomemos essa decisão — me disse o marido. — Por ora, continuamos ainda focados em tentar a gravidez e esperamos que aconteça.

Ele revelou que a ideia de ajudar alguém surgira quando oravam juntos sobre o desejo que tinham de um bebê.

— Creia-me — disse ele —, eu não teria pensado nessa possibilidade sozinho. Mas, assim que resolvemos fazê-lo, foi como se a alegria invadisse nossa triste situação. Sei que não se trata, no caso, da promessa de que teremos um bebê, mas, sim, da presença de Deus nessa alegria.

Uma vez ou outra, fico sem palavras — geralmente quando me deixam desarmada. O sacrifício dos dois era um fio que tinham agarrado e seguido, por todo o caminho de volta, até Deus. Era um carrinho de mão que fora posto de lado.

Henri Nouwen escreveu que nada temos a oferecer aos outros se não sabemos que somos amados por Deus. De todos os lugares a que vamos em busca de amor, os nossos anseios, dores e sofrimentos são os mais poderosos e convincentes. Se tivermos a coragem de chegar a esses lugares e ali vivermos de maneira saudável, com certeza descobriremos que nos espera a cura.

CAPÍTULO 17

Tudo o que necessito

Quinn começou a frequentar o Axis com 24 anos. Um grupo de amigos com quem saía o convidara, mas ele se sentira bastante inseguro com relação àquilo tudo.

Era animado, simpático e perspicaz. O tipo da pessoa divertida para se ter por perto, de modo que rapidamente estabeleceu conexões com o pessoal do Axis. Mesmo ainda moço, Quinn estava se saindo muito bem em termos financeiros. No entanto, parecia travar uma luta séria com a questão do dinheiro, naquilo que está relacionado à fé. Quase sempre que passava tempo com o pessoal do Axis, dava um jeito de perguntar:

— E essa história de dar 10% de tudo? Vocês fazem isso de verdade?

Sou capaz de apostar que repetiu as mesmas perguntas durante quase um ano. Acho que ficou até mesmo surpreso de ver quantas pessoas de sua idade dizimavam regularmente. Pessoas idênticas a ele, que seguiam Jesus ou porque tivessem sido criadas assim ou buscassem algum tipo de ingresso para a eternidade. Pessoas que seguiam Jesus a ponto de se entregarem inteiras a ele, o que incluía dar do próprio dinheiro com alegria e espontaneidade.

Jesus falou sobre dinheiro — um bocado. Deixou bem claro que nossa atitude para com o dinheiro reflete diretamente a condição do nosso coração. Quanto mais nos apegamos ao dinheiro e o chamamos de *nosso*, e quanto mais o acumulamos ou gastamos com bobagens, mais fraca se torna nossa conexão com Deus. Essas atitudes são dirigidas pelo medo e pelo egoísmo.

Jesus disse que é muito difícil ser ao mesmo tempo rico e seguir Deus. Quando lemos essas palavras, é fácil presumir que ele falasse de "outras pessoas, ricas". Todos conhecemos pessoas mais ricas do que nós, por isso achamos que a passagem não se aplica a nós.

No entanto, se comparada a 95% da população mundial, a maioria de vocês que está lendo este livro é extremamente rica. Eu também. A passagem tem muito a nos dizer.

O medo e o egoísmo, a ganância e a autossuficiência, a arrogância e o orgulho que alimentam nossa perspectiva distorcida do dinheiro também refletem nossa interpretação equivocada da natureza de Deus. Todavia, quando compreendemos a verdade sobre sua bondade e abundância, seu cuidado e seus dons, não podemos fazer outra coisa senão estabelecer um relacionamento correto com o nosso dinheiro.

Em Gênesis 33, lemos a história de Jacó e Esaú, dois irmãos que se reencontraram após muitos anos de afastamento. Quando se reviram pela primeira vez, Jacó passou à frente do seu grupo familiar, com o que viajava, e se curvou sete vezes ao chegar ao irmão. A reação de Jacó foi um sinal de honra, perdão e arrependimento.

A de Esaú foi mais espontânea. Ele correu ao encontro de Jacó e o abraçou, passou os braços ao redor do seu pescoço e o beijou. Ambos choraram nesse momento. Depois de anos distantes um do outro, quaisquer ressentimentos e ideias de traição eram agora recordações longínquas e pálidas, comparadas com a alegria do reencontro.

Antecipando a reconciliação entre os dois, Jacó comprara um presente para o irmão. A princípio, Esaú recusou recebê-lo: "Não, sério, não posso aceitar... Você não precisa me dar nada..." Mas Jacó respondeu: "[...] aceita este presente da minha parte [...] pois Deus tem sido favorável para comigo, e eu já tenho tudo o que necessito" (Gênesis 33.10,11). Só então Esaú decidiu aceitar.

Quando foi a última vez que você pensou: "Deus tem sido favorável comigo, e eu já tenho tudo o que necessito?".

Talvez seja essa sua forma de pensar; mas, na maioria das pessoas, seus olhos costumam estar focados no que não têm. A todo instante, nossa cultura de massa nos bombardeia com tudo o que "precisamos" *ter*: coisas maiores, melhores e mais avançadas. Em nossa "ascensão" ininterrupta pela escada do sucesso, descobrimo-nos gastando o que não temos para adquirir o que só imaginamos necessitar.

Deus tem sido favorável para comigo, e eu já tenho tudo o que necessito.

Conheço seguidores de Cristo que de fato entendem isso. O modo com que levam sua vida me inspira. Vivem intencionalmente com menos do que ganham, sem tentar acompanhar o passo de ninguém. Estão satisfeitos, contentes, cheios de alegria e liberdade — o oposto exato do que seria de esperar de alguém que não tem *todos* os bens materiais. Limitam suas despesas e doam com consciência. Primeiro, dizimam em sua igreja; depois, apoiam organizações e indivíduos que trabalham pela expansão do Reino de Cristo no mundo. Dão de comer aos pobres, providenciam remédios para os enfermos e apoiam aqueles que usam os próprios dons para levar outros a Deus.

Uma família que conheço paga para que a filha de sua empregada diarista curse uma faculdade. Outra família, que mora em um bairro elegante, faz quase todas as suas compras e negócios em uma comunidade próxima, não tão rica assim. Com isso, não só apoia o comércio local, como também passou a conhecer muitos trabalhadores residentes nesse lugar, a ponto de se tratarem pelo primeiro nome. Essa prática vem mantendo toda a família com os pés no chão e grata a Deus, além de lembrá-la de que nem todo mundo tem recursos para morar em determinado lugar bom e seguro ou para alimentar a família com regularidade.

Conheço uma mãe que também mora em um bairro muito elegante. Tem três filhos na escola e sempre foi muito ativa, colaborando com as festividades da turma. No ano passado, porém, parou de fazer isso, e eis a explicação que deu para os filhos:

— Não longe daqui vivem famílias bem pobres. Muitas das crianças lá moram sozinhas com um dos pais, e às vezes o pai ou a mãe delas precisa trabalhar em dois empregos, para ganhar dinheiro suficiente e poder sustentar os filhos. Muitas dessas crianças não ganham mochilas e sapatos novos todos os anos, como vocês. Os sapatos delas costumam ter buracos. Além disso, há gangues no bairro, e as crianças têm medo de brincar fora de casa.

— Na escola de vocês, há muitas mães e pais que ajudam com a programação das classes. Naquela parte da cidade, não; muitos pais não têm como fazer isso. Eu gostaria então de ajudá-los. Vou sentir falta de atuar na escola em que vocês estudam, mas espero que entendam por que eu quero fazer isso.

Os olhos de seus filhos se encheram de lágrimas. Balançaram a cabeça com vigor em sinal de concordância, os rostos já molhados. Nas noites seguintes, quando a mãe os levou para dormir, eles a bombardearam com perguntas sobre esse mundo a poucos quilômetros de distância, onde as crianças não viviam seguras.

Depois de passar algum tempo na escola do bairro próximo, essa mãe começou a levar os filhos consigo. Fizeram amizade com alguns dos alunos de lá e logo abriram a mão generosamente. A mesada das crianças, somada a cheques de seus pais, ajudou a prover mochilas, sapatos e suprimentos para as salas de aula.

Essa jovem mãe está criando três futuros adultos excelentes, os quais têm aprendido a seguir Deus mediante seu tempo, dinheiro, alegria e paixão. Sei que é tentador ler uma coisa dessa e sentir culpa, ou simplesmente tentar reproduzir os mesmos gestos em sua vida. Não faça nem uma coisa nem outra.

Todos temos de seguir Deus em nossa própria história. Podemos ser inspirados pela história dos outros, mas, no fim, nós realmente o seguimos quando o ouvimos falar conosco no contexto da nossa própria vida.

Cada uma dessas famílias ou indivíduos começou em um lugar diferente. Por isso, conseguem sustentar o que fazem. Por isso, há tanto prazer e liberdade no modo em que vivem. Começaram desafiando os próprios conceitos equivocados sobre Deus, o medo e o egoísmo. Promoveram, então, mudanças de vida, iniciando de dentro para fora e trabalhando pouco a pouco até alcançarem o lado externo.

A fé verdadeira surge quando assumimos séria consideração de nossa atitude para com o dinheiro. O domínio que o dinheiro exerce sobre a nossa vida irá determinar quanta liberdade experimentaremos.

E o nível de atenção que dedicarmos às nossas finanças se refletirá no modo com que enxergamos — ou deixamos de enxergar — um Deus generoso como fonte de toda boa dádiva.

CAPÍTULO 18
Santo

Nunca dei muita importância à palavra "santo". Sou mais apreciadora de uma porção de outras palavras que descrevem Deus — "amoroso", "poderoso", "onipresente".

Santo. Esta palavra tem sido sempre difícil para mim. Sempre me fez Deus parecer muito distante e um tanto ranzinza, até mesmo "mais santo que qualquer um". Sei o que você está pensando, mas mesmo assim...

Não é também uma palavra que se use muito, exceto quando falamos sobre Deus ou praguejamos.

Em algum momento, por volta de fevereiro de 1990, mudou a maneira em que até então me sentia em relação a essa palavra. Fazia algum tempo que sabíamos que meu pai estava morrendo — câncer no pâncreas. Ele definhara a ponto de pesar 41 quilos e começara a ficar amarelado. Embora lutasse com bravura, em determinado momento reconhecemos que não haveria vitória. Uma pessoa muito sábia me disse:

— Chegou a hora de ajudá-lo a morrer bem.

No dia 14 de fevereiro, comemoramos o Dia dos Namorados nos Estados Unidos, e 16 de fevereiro era o aniversário de casamento de meus pais. Papai morreu no dia 15. Minha mãe telefonou, dizendo que as enfermeiras tinham lhe dito para ligar para nós, de modo que meu marido e eu chegamos ao hospital por volta das 6 da manhã. Não era a primeira vez que recebíamos um telefonema como aquele, mas, assim que entramos no quarto dele, soubemos que seria essa nossa última visita.

Mamãe estava exausta pelas horas passadas junto a seu leito — horas finais de dezoito meses de batalha contra o câncer. Pedimos que fosse para casa um pouco, enquanto ficávamos com papai.

Ele permaneceu semiconsciente durante pouco mais de uma hora. Aproveitei a oportunidade para falar ao seu ouvido, em especial de coisas de que me lembrava por ser sua filha. Recordei, sem dúvida, dos lagartos.

Cerca de duas horas depois, ele entrou em coma e parou de responder ao meu toque e voz. Sua respiração mudou, suas mãos e pés começaram a esfriar. Quando seu corpo começava a se preparar para a morte, papai perdeu o controle do intestino. Uma enfermeira veio limpá-lo, e eu recuei para o fundo do quarto. Ela foi muito gentil, mesmo sabendo que ele não sentia mais nada, dobrando o lençol com todo o cuidado para preservar-lhe a dignidade até naqueles instantes finais.

Quando ela afastou o lençol um pouco, vi de relance suas costas e uma perna. Estava esquelético, e sua pele, amarelecida. O quarto cheirava mal. Estava tudo errado.

Em vez de entrar na fase de aceitação da agonia e morte — afinal de contas, tinham sido *dezoito meses* —, eu só queria gritar quão errado achava tudo aquilo. As coisas não deviam estar acontecendo daquele jeito. Ele tinha 62 anos de idade. Planejava antecipar a aposentadoria e então viajar com minha mãe. Era avô de uma criança de 4 anos e meio, outra de 3 e outra de 1 ano. No entanto, ali estava, a quinze minutos da morte, em um corpo que se deteriorara a ponto de se tornar quase irreconhecível.

Foi quando me ocorreu. Santidade, gostasse eu ou não, era pelo que eu anelava. Um mundo santo, um mundo consertado, como devia ser. Sagrado e puro, limpo e forte. Um mundo santo, sem a poluição de Los Angeles, sem fendas nas calçadas. Um mundo santo, onde crianças nunca passam fome, onde guerras nunca são travadas. Sem neve em Chicago, sem lutas que nos engulam, sem pais moribundos.

Santo.

Santo, santo, santo. Posso nunca entender o sentido pleno da palavra, e ela pode nunca ser minha descrição favorita de Deus, mas agora, quando canto sobre isso, canto de coração. Há um tom de ansiedade nela agora, um anseio de definir essa palavra de maneira tal que me faz balançar a cabeça em sinal de concordância. Há uma dor nessa palavra agora para mim. Por causa da dor, "santo" não transmite mais a sensação de distância, ira divina ou superioridade. É uma palavra suave, meiga, cheia de promessa e esperança. Uma palavra que não pode ser compreendida em plenitude até que não exista mais a morte.

CAPÍTULO 19
Real

Fizemos um retiro de primavera do Axis uma vez, com centenas de jovens adultos se reunindo em um local a cerca de duas horas da igreja. Era meu primeiro retiro como líder no projeto e queria muito me comunicar bem e compartilhar ensinamentos profundos e visão inspiradora.

No sábado à noite, apresentei uma rápida mensagem depois do jantar, seguida de um concerto de adoração. O lugar estava lotado, diminuiu-se a intensidade da iluminação e a música soou alta e arrebatadora. Lembrava um concerto de *rock*, o que não é de todo ruim. As pessoas não se cansavam e pediam mais, fazendo que a música e os cantos avançassem pela noite.

Sendo a única pessoa presente no salão com mais de 40 anos, avisei minha equipe de que iria para o quarto dormir. Se alguma coisa por acaso escapasse ao controle deles, podiam se sentir à vontade para me acordar. O concerto prosseguiu, pelo menos por mais uma hora.

Na manhã seguinte, no café, olhos vermelhos porém entusiasmados, muitos ainda comentavam como fora maravilhosa a adoração.

Eu, porém, tinha uma interpretação diferente disso.

Quando me levantei para falar, comecei assim:

— Que alguma coisa aconteceu ontem à noite neste salão, não resta a menor dúvida. Havia uma energia, um vigor e uma capacidade de resposta incríveis. Alguns dizem que foi adoração, mas não estou convencida disso.

— Quando chegar o dia em que nossa comunidade demonstrar a mesma energia, vigor e capacidade de resposta para com os pobres, os marginalizados e os que vivem distantes de Deus e uns dos outros, então acreditarei que testemunhei adoração na noite passada.

— Até lá, tenho a impressão de que vimos uma catarse emocional compartilhada, que, embora prazerosa, *não* foi adoração em nenhum sentido da palavra.

Adoração é a resposta de uma vida inteira a Deus. Nada tem a ver com cantar apenas, ou com a empolgação ao fazê-lo. Essas coisas não são ruins em si mesmas, mas tampouco são de modo algum completas. Aquela noite, observei centenas de pessoas se deixando levar pela emoção que as músicas as faziam experimentar, embora muitas estivessem divorciadas de Deus na maioria das áreas de sua vida.

Talvez eu tenha reconhecido isso porque já aconteceu comigo.

Quando não vivemos uma fé verdadeira, somos tentados a falsificá-la. Se não a experimento em meu interior, posso tentar fazer que meu exterior aja como se a experimentasse. Contudo, falsificá-la só resulta em mais da mesma coisa, não em uma transformação real. Resulta no distanciamento de Deus e na interpretação equivocada de quem ele é de fato. E o ciclo se repete.

Em Isaías 29.13, Deus é mais uma vez frustrado por seu povo. Conseguiram, de novo, fazer o que os fariseus haveriam de reproduzir centenas de anos depois. E o que você e eu ainda estamos fazendo.

> "Esse povo se aproxima de mim com a boca e me honra com os lábios, mas o seu coração está longe de mim. A adoração que me prestam é feita só de regras ensinadas por homens."

Esse tipo de adoração se restringe ao que é externo. É a religião degenerada em modificação comportamental. Nenhuma ligação existe entre lábios e coração, normas e mente. Gestos exteriores sempre nos enganam, levando-nos a acreditar que agradamos a Deus, enquanto nosso coração e nossa mente ainda não se deixaram convencer. E esse modo de vida pinta o quadro falso de um Deus que pede isso. Assim, seguimos um Deus que permite essa lacuna e acabamos nos perguntando por que não somos surpreendidos e maravilhados por ele.

Em Mateus 23, Jesus tem um confronto direto com alguns líderes religiosos mal orientados da época. Seria de imaginar que, quando o Messias aparecesse, as primeiras pessoas com quem falaria seriam os poderes religiosos constituídos. Foi de fato o que ele fez, mas não se agradou do que encontrou. Alertou as multidões que se reuniam para ouvi-lo que os mestres da Lei e os fariseus não praticavam o que pregavam e, portanto, não deveriam ser imitados. Não admira que Jesus atraísse tanta gente ao seu redor. Nunca se ouvira esse tipo de mensagem antes.

Jesus passou a citar exemplos de como os fariseus faziam tudo para os outros os verem. Seguiam também todas as regras complicadas da religião dos homens, mas não eram transformados.

Por fora, vestiam-se bem, ocupavam assentos de honra nos lugares públicos, deleitavam-se quando chamados de mestres e seguiam o protocolo religioso até o detalhe de cobrar o dízimo da produção de simples canteiros de especiarias. Imagino quanto Jesus se sentia decepcionado com eles por se saírem tão mal como representantes de Deus. Em Mateus 23.25, Jesus resume o que havia de errado com o que estavam fazendo: "Vocês limpam o exterior do copo e do prato, mas por dentro eles estão cheios de ganância e cobiça".

A religião pode nos levar a tentar implementar pequenas modificações comportamentais em nós mesmos. A transformação interna pode ser tão trabalhosa e difícil de medir que é mais fácil polir e amoldar o lado de fora apenas. Toda essa produção exterior consegue nos enganar, fazendo que pensemos que o interior está sendo cuidado também.

Sou capaz de sentir ira e impaciência por dentro e, mesmo assim, ser conciliador e doce por fora.

Sou capaz de tratar Deus como um estranho por dentro, mas agir por fora como se realmente o conhecesse e seguisse.

Sou capaz de ser ciumenta e invejosa por dentro, mas humilde e graciosa por fora.

Sou capaz de... Bem, você me entende. A religião que desandou, a religião a que muitos fariseus aderiram, prescreve que, se é difícil demais mudar por dentro, basta trabalhar o exterior. Deixe-o brilhando, reluzente de verdade. Não preste a menor atenção ao sentimento "corrosivo" de que alguma coisa não vai bem.

É fácil pensar: "Bem, posso viver em luta contra o ciúme, a inveja e a impaciência, mas não ser contra o adultério nem o assassinato". Jesus, no entanto, disse: "Por dentro eles estão cheios de ganância e cobiça".

Ganância e cobiça. Foi por isso que Jesus ficou tão incomodado? Só por isso? Podia pelo menos acusá-los de cometer alguns pecados classe A. Sabe como é, aqueles que eu *nunca* cometo. Esse capítulo de Mateus é cheio de linguagem repreensora. Jesus compara os fariseus a cegos tolos, chama-os de hipócritas e víboras. Estava cheio de ira santa. Mas alguém poderia achar que ele deveria ter reservado essa ira para alguma coisa mais impactante.

Se tivesse criticado os fariseus por algo como abuso a mulheres ou assalto à mão armada, eu ainda conseguiria me levantar e balançar a cabeça, primeiro em concordância, depois de um lado para o outro, para demonstrar minha decepção com o comportamento deles. Seria capaz de convencer a mim mesma de que a crítica de Jesus aos fariseus não tinha absolutamente nada a ver comigo. Conseguiria até me sentir um pouco superior, uma sensação deliciosa. Mas de ganância e cobiça... não tenho como fugir.

A visão de Deus de restauração e reconciliação do seu povo consigo mesmo não tem nenhuma relação com pseudomodificação comportamental ou maquiagem exterior. Tem a ver, sim, com mudança interna de coração, espelhando o coração de Deus. É muito mais trabalhosa que a operação externa; mas há algo nela muito cativante de entender: que Deus está bem mais interessado na integridade do meu coração do que em uma boa aparência exterior.

Jesus prossegue dizendo em Mateus 23.26: "Fariseu cego! Limpe primeiro o interior do copo e do prato, para que o exterior também fique limpo". Sua receita para mudar o que está errado não tem ligação alguma com trabalhar o lado de fora. Na verdade, Jesus diz que, limpando o lado de dentro, o de fora o acompanhará, por si só.

Assim, sempre que sinto que meu interior e meu exterior não combinam, sei que é hora de mergulhar fundo em meu coração e alinhar sua escuridão com a natureza gloriosa de Deus. Eis onde a transformação exerce seu poder. Não pelo meu próprio esforço, mas por quem é Deus. Claro que não fico sentada, ociosa, assistindo, enquanto Deus opera sua "mágica", mas meu esforço só ajuda quando me leva ao Deus que realmente executa a transformação. E muito dessa transformação está na minha compreensão correta da natureza de Deus.

A fim de experimentar a transformação verdadeira, preciso decidir em que e por que acredito. Em seguida, descobrir um modo de viver de acordo com essa crença.

Estou mais bem equipada para viver uma fé real quando luto, leio, penso e oro levando em consideração o que de fato creio. *Quem é Deus? Em que sentido ele é diferente do que penso? Qual a sua verdadeira natureza?*

À luz de quem é Deus, como empregar meus dias e meus recursos? No meu dinheiro, nos meus relacionamentos, nas minhas respostas, no meu tempo, no meu trabalho, no cuidado do meu corpo e de minha mente, em minhas conversas, no meu silêncio, no meu modo de dirigir, no meu adormecer e no meu acordar. Como vejo TV, leio meus livros, rego minhas plantas, comporto-me como vizinha, pago minhas contas, atendo meus filhos, leio a Bíblia e sou uma excelente funcionária da minha firma?

De que modo saber quem é Deus poderá subsidiar cada momento do meu dia, cada escolha que faço? E, se perder de vista esse conhecimento, como seu amor e perdão poderão me livrar de me penitenciar e, em vez disso, ajudar-me a ver que o amanhã é tão novo quanto suas misericórdias?

Se dedicar meu tempo a pensar em quem é Deus — em sua fidelidade, amor, perdão, graça, santidade, justiça, redenção e inclusão radical, só para começar —, sou instigada, ou melhor, sou compelida a viver à luz disso.

Reconvertida.

CAPÍTULO **20**

Partidas e paradas

Há algo no começo e no fim que é esclarecedor. O começo é portador de promessas de esperança, de expectativa do novo e do recente. São oportunidades de retomadas ou antecipações. O primeiro choro do recém-nascido, o material escolar recém-adquirido no início das aulas, o nascer do dia quando o sol desponta. Começar a ler um livro do capítulo 1, conhecer alguém pela primeira vez quando você "simplesmente sente" que essa amizade será essencial. Sair do lava-rápido, a segunda-feira, o perdão — tudo isso traz a crença na possibilidade da renovação.

Deus está no começo. "No princípio Deus criou..." é uma das expressões máximas de esperança. Quando criamos começos ou deles participamos, sentimos Deus. Aprendemos alguma coisa sobre ele, passamos a conhecê-lo em maior profundidade. Espelhamos sua natureza nesses momentos. A esperança e a renovação têm nele a sua fonte.

No princípio era o Verbo, e o Verbo era Deus. *No princípio.* Entre começos e fins, a vida acontece... Mas são os começos que nos dão esperança. Eles nos propiciam clareza acerca das coisas simples que parecem mais importantes.

Perspicácia extraordinária.

Quando trabalhei como enfermeira, testemunhava com regularidade a morte. O processo não é nada limpo nem rápido como retratado nos filmes. É lento, destrutivo, implacável e torpe. Cheira mal e tortura.

Há quase trinta anos, postei-me junto ao leito de um paciente que acabava de morrer. Durante o treinamento, vira pacientes morrendo. Mas aquele era *meu* paciente. Chamava-se sr. Barth, tinha 91 anos e nascera na Rússia. O enfermeiro que me treinava notou a expressão do meu rosto.

— Primeiro paciente seu que morre? — ele perguntou.

Fiz que sim com a cabeça.

— Nunca perca a tristeza que vejo em seu rosto neste instante.

Balancei a cabeça afirmativamente outra vez.

Levei aquele momento muito a sério. O sr. Barth morrera poucos minutos depois que eu havia começado o turno do dia. Fora meu paciente durante três dias. Enquanto cuidava dele, conversava comigo, e eu o achava um velhinho encantador e charmoso. Embora idoso, estava lúcido, e seu brilho no olhar me lembrava que apenas seu corpo, e não a alma, envelhecera. Contara-me um pouco sobre sua infância na Rússia, de modo que, parada junto ao leito em que repousava seu corpo imóvel e frio, tentei imaginar quem teriam sido seus pais e como ele era quando criança e jovem. Pensei em suas esperanças e sonhos e por que motivo acabara morrendo em Orange, Califórnia, no ano de 1978.

Há outro lado dos começos e fins. O fim nos ensina *como* começar, em que deveríamos concentrar mais nossa vida e o que é de fato importante. A vida tem de ser fundamentada em coisas que nunca possam morrer, nem ser roubadas, nem levadas embora.

O fim tem um efeito purificador. Quando a poeira assenta, conseguimos ver o que é real — qual é o núcleo —, com base no que restou, e quem se mostrou à altura da situação. O final nos desnuda até esse ponto.

Quando os lábios exalam o último suspiro, e corpo e alma — aquilo que enche o corpo de vida — se separam, fica claro qual era mais importante. Eclesiastes diz que "Todos partilham um destino comum [...] o destino de todos é o mesmo [...]" (9.2,3). O fim pode ser apenas o ponto de partida certo.

Quando meu pai morreu, fiquei do lado do caixão aberto, no velório. Quis colocar algumas fotografias minhas e da família no bolso do seu paletó e, quando me curvei para alcançá-lo, surpreendeu-me o cheiro forte de formol e a rigidez do seu corpo.

Aquele não era meu pai. Ele fora sempre tão cheio de vida. Adorava viver, e sua presença enchia a casa. Era dotado de exuberância e energia. Jogava golfe, pescava, caçava, trabalhava, ria e gracejava. Quando vivo, eu imaginava que essas coisas constituíam seu corpo. Estava enganada. Ainda estava ali seu corpo, mas não meu pai.

Sua alma — a parte dele que respondia quando lhe falavam, que seguia uma inspiração, que fazia seu coração bater acelerado e lhe enchia a mente de ideias gloriosas, que lhe deu um passo seguro e olhar confiante —, essa parte o deixara, tão certo quanto seu último suspiro.

Em certo sentido, a alma de meu pai atingira o auge quando estava sofrendo de câncer terminal. Vimos isso na coragem confiante que demonstrava quando ia sozinho em seu Mustang vermelho às sessões de radioterapia e quimioterapia. Vimos isso na esperança com que dava a volta no quarteirão para recuperar as forças quando a doença já lhe devastara a estrutura de 1,83 metro de altura a pouco mais de 45 quilos de peso.

A *minha* alma se elevava e se sentia realizada ante essa visão do meu pai.

Ele não queria o fim, nem que o fim lhe prometesse alívio do sofrimento. Não queria o fim porque ainda não se cansara de viver. Não queria o fim porque a alma não foi feita para o fim...

A eternidade está inscrita no começo e no fim. Na alma dos outros e no espaço entre nós. Jacó, depois de sonhar uma noite com Deus, e com promessas e com a eternidade, declarou ao acordar: "Sem dúvida o SENHOR está neste lugar, mas eu não sabia!" (Gênesis 28.16).

Sem dúvida.

Sobre a autora

Nancy Ortberg atuou como pastora na área de ensino, durante oito anos, na Igreja Willow Creek, em South Barrington, Illinois, EUA. Liderou também, nessa mesma época, o ministério Network, destinado a ajudar pessoas a identificar seus dons espirituais e encontrar oportunidades de serviço na igreja, bem como o Axis, projeto de reuniões semanais voltado para a geração de 18 a 20 e poucos anos.

Faz parte do grupo de fundadores da TeamWorx2, empresa de consultoria em negócios e liderança, que oferece sessões de orientação rápidas, práticas e estimulantes a gestores e respectivas equipes de trabalho. A TeamWorx2 atua com empresas, escolas, organizações sem fins lucrativos e igrejas, tratando de questões que envolvam efetividade organizacional e trabalho em grupo.

Comunicadora dotada de talento, Nancy dedica-se com entusiasmo a ajudar as pessoas a estabelecer conexão entre aquilo em que acreditam e sua vida cotidiana. Palestrante e conferencista bastante solicitada, tem sido uma das principais apresentadoras das conferências Catalyst e Orange. Colabora, além disso, com regularidade, na revista *Rev!*.

Nancy e o marido, John, residem em São Francisco, Califórnia, e são pais de três filhos: Laura, Mallory e Johnny.

Esta obra foi composta em *Myriad Pro* e *Kepler Std*
e impressa por RR Donnelley sobre papel
Chamois Fine 67 g/m² para Editora Vida.